差がつく 練習法

テニス 緩急自在マルチ練習ドリル

著 **森井大治** 日本体育大学学友会テニス部監督

INTRODUCTION
はじめに

目的を明確にして練習に取り組もう

　本書は、テニスの技術書ではありません。ひとつの技術を磨くには時間がかかります。あるプロは、基礎を学ぶジュニア時代に、1日4000球のボールを打ったといいます。それだけ打ってもすべてのショットが完璧というわけではありません。テニスがうまくなるには結構時間がかかります。それは、日頃からプレイしている皆さんがご存知の通りです。

　しかし、練習法を工夫することで、うまくなるための時間を短縮することができます。ただボールを打つより、明確な目的を持ってボールを打つほう

が100倍うまくなります。本書で紹介しているのは、うまくなるための効率的な「練習法」です。

普段の練習がルーティンになると、それこそ「練習のための練習」になりがちです。最初はストロークを打って、次はボレー、スマッシュ。そして最後はサーブ……そんな練習になっていませんか？ 限られた練習時間ですべてを詰め込んでもうまくなりません。大切なのは目的を持って練習に取り組むことです。

本書では、練習の「目的」と「効果」を明確にしながら、実戦を想定したさまざまな練習法を紹介しています。基本的に1対1で行う練習ではなく、多人数に対応したドリルを紹介しているので、部活にも活用しやすいはずです。すべてのドリルをこなす必要はありません。自分たちに必要なドリルをピックアップし、人数やレベルに合わせてアレンジしながら、普段の練習に取り入れてください。

日本体育大学 学友会テニス部監督
森井大治

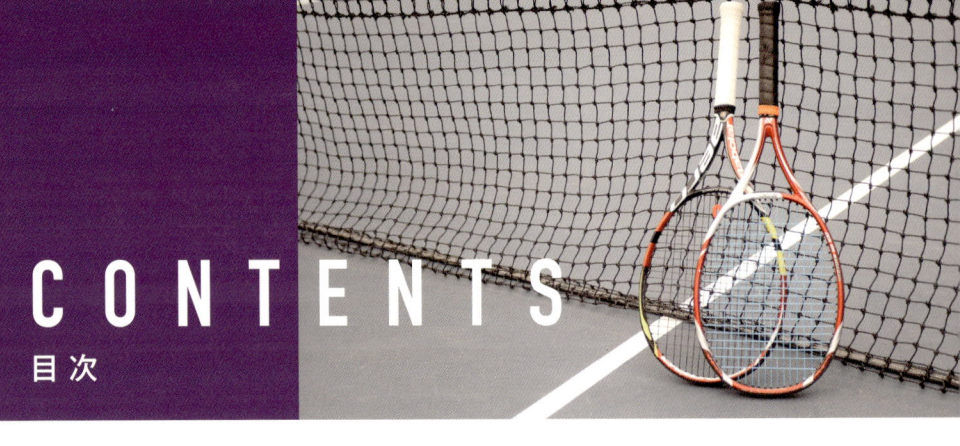

CONTENTS
目次

2 ───── はじめに

第1章 ボールとラケットに慣れる練習法

10	Menu001	ワンバウンドしたボールをキャッチ
12	Menu002	ノーバウンドのボールをキャッチ
14	Menu003	ストライクゾーンに体を運ぶ①
16	Menu004	ストライクゾーンに体を運ぶ②
18	Menu005	ラケットとボールで遊ぶ①
20	Menu006	ラケットとボールで遊ぶ②
22	Menu007	地面のボールをラケットで拾う
24	Menu008	1対1で簡単なボールのやり取りを行う
26	Menu009	壁打ち(ストローク&ボレー)
28	Menu010	壁打ち(サーブ&スマッシュ)
30	Menu011	壁打ち(横移動しながらボレー)
32	Menu012	2人で行う壁打ち①
34	Menu013	2人で行う壁打ち②
36	Menu014	壁を使ったポイント練習

第2章 ストロークのベースを身につける基本練習

38	Menu015	ボールをカゴに入れる
40	Menu016	トップスピンをかける①
42	Menu017	トップスピンをかける②

44	Menu018	スライスをかける
46	Menu019	スライスの回転を意識する
48	Menu020	スライスをかけて打つ
50	Menu021	フォアスラを攻撃に使う

第3章　ストロークの基本練習法

52	Menu022	手出しのボールをフォアとバックで打つ
54	Menu023	手出しのボールをフォアとバックに回り込んで打つ
56	Menu024	手出しのボールを2本連続で打つ
58	Menu025	球出しのボールを左右に動いて打つ
60	Menu026	球出しのボールを前後に動いて打つ
62	Menu027	ストロークのバタフライドリル①
64	Menu028	ストロークのバタフライドリル②
66	Menu029	ストロークの4球連続ドリル
68	Menu030	3球連続ハードヒット
70	Menu031	コントロールをつける①
72	Menu032	コントロールをつける②
74	Menu033	コントロールをつける③
76	Menu034	コントロールをつける④
78	Menu035	コントロールをつける⑤
80	Menu036	コントロールをつける⑥
82	Menu037	コントロールをつける⑦
84	Menu038	強いボールを打つ①
86	Menu039	強いボールを打つ②
88	Menu040	強いボールを打つ③
90	Menu041	強いボールを打つ④
92	Menu042	ボールのコースを変える①
94	Menu043	ボールのコースを変える②
96	Menu044	ボールのコースを変える③
98	Menu045	球出しからのポイント練習①
100	Menu046	球出しからのポイント練習②
102	Menu047	ストロークからのポイント練習
104	Menu048	ハンディキャップをつけたポイント練習
106	Menu049	攻撃ロブからのポイント練習

第4章　ボレーの基本練習

108	Menu050	球出しからの基本ボレー練習
110	Menu051	2ステップボレー
112	Menu052	実戦を想定したボレー練習
114	Menu053	前衛の決めボレー練習
116	Menu054	球出しからのポーチ練習
118	Menu055	ファーストボレーからセカンドボレー
120	Menu056	ネットの守りに強くなる4球連続ボレー
122	Menu057	2球連続球出しでアプローチ＆ボレー練習
124	Menu058	センターの球出しからアプローチ＆ボレー練習
126	Menu059	中ロブをスイングボレーで打つ
128	Menu060	つなぐボレーの練習
130	Menu061	2ボレー対1ストローク
132	Menu062	1ボレー対2ストローク①
134	Menu063	1ボレー対2ストローク②
136	Menu064	1面を使ったポイント練習
138	COLUMN	コーチは目的とレベルのあった練習をアレンジしよう！

第5章　サーブとスマッシュの練習

140	Menu065	上からボールを打つ練習
142	Menu066	サーブのコントロール①
144	Menu067	サーブのコントロール②
146	Menu068	サーブのメカニズム
148	Menu069	サーブからのポイント練習
150	Menu070	サーブからのダブルスパターン練習
152	Menu071	リターンからのダブルスパターン練習
154	Menu072	スマッシュの基本練習
156	Menu073	前衛スマッシュの突き上げ練習
158	Menu074	スマッシュの応用練習①
160	Menu075	スマッシュの応用練習②
162	Menu076	スマッシュの応用練習③
164	Menu077	スマッシュの応用練習④
166	Menu078	スマッシュを入れたポイント練習
168	Menu079	フットワークドリル(スパイダーラン)
170	Menu080	フットワークドリル(指示ラン)

| 172 | おわりに |
| 174 | 著者＆チーム紹介 |

本書の使い方

本書では、写真や図、アイコンなどを用いて、一つひとつのメニューを具体的に、よりわかりやすく説明しています。写真や"やり方"を見るだけでもすぐに練習を始められますが、この練習はなぜ必要なのか？　どこに注意すればいいのかを理解して取り組むことで、より効果的なトレーニングにすることができます。普段の練習に取り入れて、上達に役立ててみてください。

▶ **身につく技能が一目瞭然**
練習の難易度やかける時間、あるいはそこから得られる能力が一目でわかります。自分に適したメニューを見つけて練習に取り組んでみましょう。

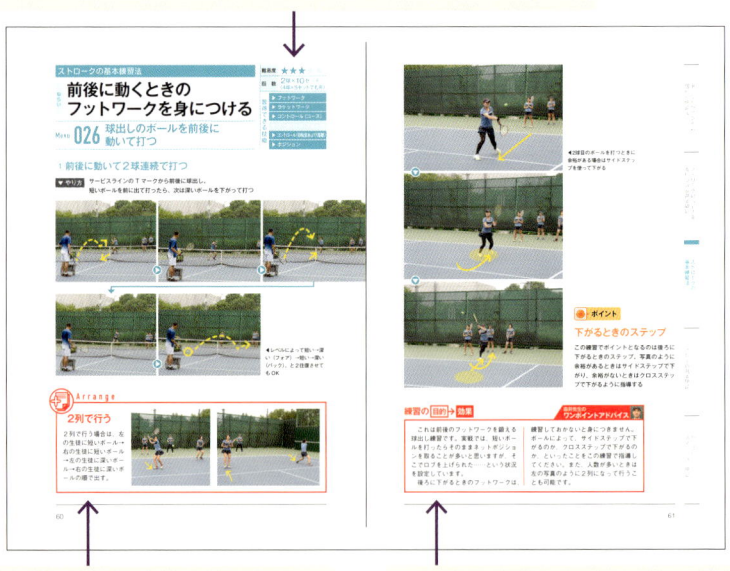

▶ **練習メニューのアレンジ方法**
掲載した練習法の形を変えたやり方の紹介です

▶ **練習の目的と効果**
この練習の目的はどこにあるのか？　そして練習によってどんな効果を得ることができるのかを森井先生がわかりやすく解説します

そのほかのアイコンの見方

Level UP!
より高いレベルの能力を身につけるためのポイントや練習法です

 Extra
練習にまつわるエピソードやどんな場面で行うのが効果的かを紹介します

この練習を行う上でとくに大事なこと、気をつけたいことです

第1章
ボールとラケットに慣れる練習法

テニスがうまくなる近道は、テニスボールとラケットに慣れることだ。この章では、ボールを扱う感覚を良くするための練習法を紹介していく。テニスコートを使わなくても大丈夫なメニューもいっぱい。まずは基本を体に入れていこう！

ボールとラケットに慣れる練習法

ボールのバウンドに 体を合わせる

ねらい

Menu 001 ワンバウンドした ボールをキャッチ

難易度 ★★☆☆☆
時間 ①②③ 各1〜3分

習得できる技能
▶ フットワーク
▶ ラケットワーク
▶ コントロール（コース）
▶ コントロール（スピード）
▶ コントロール（回転量および回転）
▶ ポジション

①ワンバウンドキャッチ

▼やり方　2人で適度な距離を取り、ボールをワンバウンドさせてキャッチボールを行う。最初は両手でキャッチ。簡単にできるようなら片手キャッチに移行する

このくらいの距離からスタート

▲最初は胸の前で
両手でキャッチ

▲次は片手でキャッチ。右手、左手両方とも行う

手のひらを
上に向ける

▲ボールをキャッチするときは上からボールをつかむように。手のひらを上に向けてつかむのは NG

10

②横に動きながらキャッチ

▼やり方　出し手はボールを相手の左右に投げる。受け手はサイドステップを使いながらキャッチ。相手に正対しながら左右に動くのがポイント

横に動きながらキャッチ

③2個のボールを同時キャッチ

▼やり方　出し手は2個のボールを片手で投げる。受け手はそのボールを左右の手でキャッチ。キャッチするときは踏み込みを入れる

簡単にキャッチできれば才能あり

練習の 目的 → 効果

森井先生のワンポイントアドバイス

　テニスはお互いにボールを「やり取り」することが基本です。ラケットを持たなくても、やり取りをシミュレーションすることができます。いちばん簡単な方法がキャッチボールです。
　「投げる」、「捕る」という動作には、テニスの基本が詰まっています。ここで紹介しているドリルは基本中の基本。簡単にクリアできるようなら次のステップに進みましょう。

ボールとラケットに慣れる練習法

空中のボールに体を合わせる

ねらい

Menu 002 ノーバウンドのボールをキャッチ

難易度 ★★☆☆☆
時間 ①②③ 各1〜3分

習得できる技能
- ▶ フットワーク
- ▶ ラケットワーク
- ▶ コントロール（コース）
- ▶ コントロール（スピード）
- ▶ コントロール（回転量および球質）
- ▶ ポジション

①ノーバウンドキャッチ

▼やり方　2人で適度な距離を取り、ノーバウンドでキャッチボールを行う。
最初は写真のように両手でキャッチ。簡単に行えるようなら片手キャッチにも挑戦しよう

▲胸の前で正確にキャッチする

②2個のボールを使ったノーバウンドキャッチ

▼やり方　2人が同時に投げたボールをノーバウンドでキャッチする。
「投げる」という動作と「捕る」という動作を連続で行う

▲投げたら捕る、捕ったら投げるという一連の動作が必要

③左右に動きながらノーバウンドキャッチ

▼やり方　左右に投げ分けたボールをサイドステップを使いながらキャッチする。
最初は右→左の順番で。簡単にできるようならランダムに出したボールをキャッチする

▲足を動かして体の正面でボールをキャッチ

Level UP! ラケットの面でキャッチ！

ノーバウンドキャッチが簡単にできるようならラケットを使ったキャッチボールにも挑戦してみよう。ボレーにつながるので正確に正面でキャッチするように！

練習の 目的→効果

森井先生のワンポイントアドバイス

　前ページのメニューは、ボールをバウンドさせたもので、将来的にはストロークにつながります。そして、ここで紹介しているノーバウンドキャッチは、将来的にボレーにつながるものです。
　ポイントは、体の正面で正確にボールをキャッチすることです。そうするためにはフットワークが欠かせません。「失敗しないから」といって、いい加減な体勢でキャッチする生徒がいた場合は、しっかり注意してください。どんな練習でも基本を疎かにしないように目を配りましょう。

ボールとラケットに慣れる練習法

ボールと体の距離感を覚える

ねらい

難易度 ★★★☆☆
回数 ①②③ 各10球

習得できる技能
▶ フットワーク
▶ ラケットワーク
▶ コントロール（コース）
▶ コントロール（スピード）
▶ コントロール（回転量および質）
▶ ポジション

Menu **003** ストライクゾーンに体を運ぶ①

①短い距離で両手を使って捕る

▼やり方　生徒はTマークからスタート。ボール出しは写真の位置から。左右にボールを出して、生徒は両手でボールをキャッチする

▲球出しはこのポジションから

Arrange

左右に慣れてきたら前に短いボールを出してキャッチさせる

練習の 目的 → 効果

森井先生のワンポイントアドバイス

　ここで紹介しているのは、ストロークの動きをシミュレーションしたボールキャッチドリルです。ストロークでなにより大切なのは、ボールに「追いつく」ことです。
　①のドリルは、フットワークを使って、ボールまで体を運ぶことが主目的。②のドリルは、さらに長い距離を走ってボールをキャッチ。捕りっぱなしにせずに、捕ったらすぐに投げ返す動作を入れることで、実際のストロークに近い動きとなります。また、レベルが高い生徒なら③のように厳しいボールを出すことで、負荷の強いフットワークドリルとなります。

14

②距離を伸ばして両手で捕る

▼やり方

生徒はベースラインのセンターマークからスタート。ボール出しは写真の位置から。左右にボールを出して、生徒は両手でボールをキャッチしたら、その動きを止めずにボールを反対コートまで投げ返す

球出しはネット越しに。ラケットでの球出しでもOK

③厳しいボールに手で触る

▼やり方

②と同様のポジションからスタート。左右に厳しいボールを出して手のひらでボールに触ればOK

 ポイント

球出しを厳しくすれば強度が高いドリルとなる

これだけ走れていれば十分

ボールとラケットに慣れる練習法

ボールと体の距離感を覚える

難易度 ★★★☆☆
時間 3〜5分（1人10球ずつ）

習得できる技能
▶ フットワーク
▶ ラケットワーク
▶ コントロール（コース）
▶ コントロール（スピード）
▶ コントロール（回転量および距離）
▶ ポジション

Menu **004** ストライクゾーンに体を運ぶ②

①ボールを打つ形をつくりながら片手でキャッチ

▼やり方

生徒はベースラインのセンターマークからスタート。球出しのボールを実際にストロークを打つフォームをつくりながら片手でキャッチ

ハードヒットするときをイメージして高い位置でキャッチする

🟠 ポイント

打つときのフォームで!

しっかりとボールに追いついて、打つときのフォームをイメージしてキャッチする

◀ボールの位置まで追いついていないと、写真のようにただキャッチする形になってしまう。両手打ちバックハンドの生徒なら左手でキャッチできるポジションまでしっかりと体を運ぶように！

ボールの位置まで追いつかない

◀これはボールを打つことを考えていない捕り方

練習の 目的 → 効果

森井先生のワンポイントアドバイス

　前ページのメニューをさらに実際のストロークに近い形にしたのが①のドリルです。手のひらをラケット面に見立てて、ボールを打つイメージを持ちながらボールキャッチします。
　前ページのメニューも含め、こうしたボールキャッチドリルが効果的なのは、実際にラケットを持ってボールを打つときより、さらに一歩ボールに近づかなければいけないという点です。こうした練習を行うことで、ボールの後ろに素早く体を運ぶフットワークや素早く準備する大切さを学ぶことができます。

ボールとラケットに慣れる練習法

ボールとラケットの扱いに慣れる

難易度 ★★★★★
回数 ①② 各20回

習得できる技能
- フットワーク
- ▶ ラケットワーク
- コントロール（コース）
- コントロール（スピード）
- コントロール（回転量および回転）
- ポジション

Menu **005** ラケットとボールで遊ぶ①

①ラケットの面でボールを地面につく／上につく

▼やり方 　地面と水平にした面でボールを地面につく。次に上にポンポンとつく

▲手の甲を上に向けた形で

▲手のひらを上に向けた形で

▶ボールをつくときはラケットを短く握らないように。操作性は良くなるが、実際のプレーでラケットを短く持つことはない

こうやって握るのはNG

ラケットを短く握る

18

②ラケットのエッジでボールを地面につく

▼やり方　地面と垂直の面でボールを地面につく。簡単にできるようなら、エッジで上についてみる

▲これで10回ついてみよう！

コンチネンタルグリップ とは!?

ラケットを地面に対して垂直になるように持ち上げ、握手をするようなイメージで握る。主にボレーやサーブを打つときに使うグリップ

グリップはコンチネンタルで

▲連続10回できたらラケット操作は抜群

腕全体を使う

ラケットを大きく動かすと難しい

▲慣れていないとラケットを短く握った上で、腕全体を上下させてしまう。これは実際のテニスにはない動きなのでNG

練習の 目的 → 効果

ここで紹介したボール遊びは、ボールとラケットに慣れることを目的としています。①のドリルは、手のひら側（フォアハンド）、手の甲側（バックハンド）でボールに当てる感覚をつかむためのもので、②のドリルはコンチネンタルグリップに慣れることを目的としています。

森井先生の ワンポイントアドバイス

紹介したようなボールつきを行うと、うまくできる人とうまくできない人がはっきり分かれます。うまくできない人は、ラケット扱いに慣れるためにも、このメニューを確実にこなせるようにしてください。

19

ボールとラケットに慣れる練習法

難易度 ★★★★★
回数 ①② 各20回

習得できる技能
▶ フットワーク
▶ ラケットワーク
▶ コントロール（コース）
▶ コントロール（スピード）
▶ コントロール（回転量および距離）
▶ ポジション

ボールの回転に慣れる

Menu 006　ラケットとボールで遊ぶ②

①斜めの面でボールを地面につく

▼やり方

ラケット面を斜めにして、ボールの右側を削るようにボールを地面につく。斜めの面でボールをついても真っすぐにボールが跳ね上がることを実感する

斜めの面でもボールは真っすぐ跳ね上がる

②ボールに回転をかける

▼やり方

ラケット面を地面と水平にしたまま、左右に動かしてボールを上にポンポンとつく。ラケットの動きは横方向でもボールは上に跳ね上がることを実感する

手のひらを上にして行ったときはフォアハンドスライスに応用できる

20

ポイント 垂直の面で回転をかける

ラケット面がボールの軌道と垂直になっていれば、ボールは真っすぐに上がるので何回でも連続で行うことができる。慣れてきたら回転量を微調整しながら跳ね上げの高さもコントロールしてみよう！

手の甲を上にして行ったときはバックハンドのスライス系ショットに応用できる

回転の種類

〈フラット〉ボールをラケットの面で直接叩くイメージで真っすぐ飛ぶ。
〈スライス〉ボールに対して斜めの回転を与え、滑って落ちるように飛ぶ。
〈トップスピン〉ボールにタテの回転を与えて落として弾ませる。

練習の 目的 → 効果

森井先生のワンポイントアドバイス

前ページのメニューに続いて行ってほしいのが、ボールに回転をかけて行うボールつきです。将来的には、さまざまなショットでボールに回転をかける感覚がとても重要になります。ここで紹介したドリルには、回転をかけるときのコツがいっぱい詰まっているので、しっかりと取り組んでください。

①のドリルは、将来的にサーブでスライス回転をかけるときに応用できます。また②のドリルは、将来的にはフォア、バックでスライスをかけるときや、ドロップショットなどのテクニックを使うときに応用できます。

ボールとラケットに慣れる練習法

ラケットとボールの扱いに慣れる

Menu **007** 地面のボールをラケットで拾う

難易度 ★★☆☆☆
回数 ①②③④ 各10回

習得できる技能
▶ フットワーク
▶ ラケットワーク
▶ コントロール（コース）
▶ コントロール（スピード）
▶ コントロール（回転量および回転）
▶ ポジション

①ラケットとシューズを利用してボールを拾う

▼やり方

足の外側にボールを置いて、足を軽く跳ね上げながらラケットでボールを弾ませるて拾う

②ラケットでボールをついて拾う

▼やり方

垂直のラケット面をボールに軽く叩きつけてバウンドさせて拾う

● ポイント

最初は小さく弾ませる

③ボールを面の上に乗せて拾う

▼やり方

地面に置いたボールを手前に転がしながらラケットですくうように拾う

④ボール2個を同時に拾う

▼やり方

③と同じ方法で2個のボールを同時に拾う。これが簡単にできればラケット扱いは完璧

練習の 目的 → 効果

森井先生のワンポイントアドバイス

ここではコートに転がったボールを、ラケットを使って拾うパターンを紹介しています。簡単そうに見えますが、ラケット扱いに慣れていないとうまくできません。

紹介した中で結構難しいのは②の方法です。成功させるコツは、最初に小さく弾ませること。繊細なタッチが必要で、将来的には、ボレーのインパクト感覚をつかむときに応用できます。

ここで紹介したボール拾いメニューは、さまざまなショットに応用できるものばかりです。すべてできるように練習しましょう。

ボールとラケットに慣れる練習法

ボールを打ち合って
ラリーする感覚を覚える

ねらい

Menu **008** 1対1で簡単なボールの
やり取りを行う

難易度	★★☆☆☆
時間	①②③ 各2〜4分

習得できる技能
▶ フットワーク
▶ ラケットワーク
▶ コントロール（コース）
▶ コントロール（スピード）
▶ コントロール（回転量および距離）
▶ ポジション

①ラケット面でキャッチしたボールを
ワンバウンドさせて相手に返す

[ワンバウンドさせてキャッチ＆リリース]

▼やり方

適度な距離を取って、一方が出したボールをラケットでいったんキャッチし、そのボールをワンバウンドさせて、相手に返してラリーを行う

🟠 ポイント　**ノーバウンドキャッチ**

慣れてきたら、ボールをノーバウンドでスッと受け取ってラリーを行おう！

[ノーバウンドでキャッチ＆リリース]

②ダブルスのサイドライン幅でミニテニス

▼やり方

ダブルスのライン幅でストロークのラリーを行う。相手が打ちやすい場所にボールをバウンドさせることを心がける

ラリーする感覚を養おう！

③ダブルスのサイドライン幅で2球同時にラリーをする

▼やり方

ダブルスのライン幅で2人同時にボールを出してミニテニスを行う。お互いのリズムが合わないとうまく続かないのでテンポを合わせよう

これが簡単にできれば才能あり

練習の 目的 → 効果

森井先生のワンポイントアドバイス

ボールとラケットの扱いに慣れてきたら2人でやり取りを行いましょう。

とくにお勧めの練習法は①です。この練習には、ボールをキャッチする（タッチ）、ボールを打ちやすい場所に落とす（打点）、ボールを相手に送る（コントロール）というテニスに大切な要素が満載です。単純なミニテニスよりも効果的な練習法なので、ぜひ取り入れてください。また③のように、2個のボールを同時に打ち合う練習は、コーディネーション能力を高める効果があります。

ボールとラケットに慣れる練習法

壁を使って、ボールを打つ感覚、ボールが飛ぶ感覚をつかむ

ねらい

難易度 ★★★★★
時間 ①②③④ 各3〜5分

習得できる技能
▶ フットワーク
▶ ラケットワーク
▶ コントロール（コース）
▶ コントロール（スピード）
▶ コントロール（回転量および距離）
▶ ポジション

Menu **009** 壁打ち（ストローク＆ボレー）

①フォア／バックで連続

▼やり方　壁の近くに立って、フォアハンドだけ、バックハンドだけで、ポンポンというリズムで何回でも続くように壁打ちを行う

［フォアハンドで］　　　　　［バックハンドで］

最初はこのくらいの距離でOK

②フォアとバックを交互に打つ

▼やり方
①が簡単にできるようなら、フォアを打ったら次はバック、バックを打ったら次はフォアと、交互に壁打ちを行う

フォア、バックともにボールとの距離感をしっかりと

26

③強く打って回数が続くようにする

▼やり方　写真のように距離を伸ばしながら強いボールを打って何回でも続くように行う

つねに同じ打点で打てるようなところにボールをぶつける

④壁の近くに立ってボレーする

▼やり方

壁の近くに立って、山なりのボールで壁とボレー&ボレーを行う。これも最初はフォアだけ、バックだけ、交互にの順番で

Level UP!
距離をあける

慣れてきたら壁との距離を徐々に取っていく。距離が離れてもしっかりコントロールできるようにしよう！

▲上向きのラケット面で山なりのボールを

練習の 目的 ➡ 効果

近くに壁打ちできる環境があれば積極的に利用しましょう。テニス界では昔から「壁は最強の相手」という言葉があるほど。どんなボールを打っても必ず返ってくる壁を利用しない手はありません。

森井先生のワンポイントアドバイス

本書では、壁を使った練習法を厚く取り上げています。それは、基本を学ぶ上で、壁打ちが有効だからです。ここで紹介している①～④のメニューは基本中の基本。何本でも失敗なくやれるまで行いましょう。

ボールとラケットに慣れる練習法

壁を使って、オーバーヘッド系ショットの感覚をつかむ

ねらい

Menu **010** 壁打ち（サーブ&スマッシュ）

難易度 ★★★☆☆
時間 ①② 各3〜5分

習得できる技能
▶ フットワーク
▶ ラケットワーク
▶ コントロール（コース）
▶ コントロール（スピード）
▶ コントロール（回転量および距離）
▶ ポジション

①サーブの跳ね返りチェック

▼やり方

サービスラインから壁（ネット）の距離でサーブを打ち、跳ね返ってきたボールの軌道を確認する

ポイント

ネットのラインより高いところをねらって打つ

壁を使ってサーブの練習をすると、ラインぎりぎりをねらって打ちがちだが、それでは跳ね返ってきたボールをワンバウンドでキャッチできない。ラインよりも高いところを目標にサーブを打つようにしよう！

ワンバウンドしたボールをラケットでキャッチできればOK

②連続スマッシュ

▼やり方　①よりも近い距離（サービスラインくらい）に立って、スマッシュを連続で行う

何回でも連続して続けるためには、同じ場所にボールを打ちつけるのがポイント

🎾 ポイント　フットワークを使ってボールの下に入る

連続してスマッシュを続けるときのポイントは、つねに同じ打点で打つこと。
そのためにはフットワークを使ってボールの落下点に体を運ぶことが大切だ

練習の 目的 → 効果

森井先生のワンポイントアドバイス

　壁を使った練習でもっとも効果があるのがオーバーヘッド系のショット。すなわちサーブとスマッシュの練習です。壁が相手ならボール1個で行えるのが最大のメリット。壁打ちの環境があるのならひとりで上達できるオーバーヘッド系ショットの練習を多く取り入れてください。
　①のサーブ練習で意識したいのは、ボールの跳ね返りです。壁に当たった ボールがワンバウンドで手元まで戻ってくるようなら、良い回転のサーブを打っている証です。また②の連続スマッシュは、ボールの落下点に体を運び、同じ場所にボールを叩きつけるのがポイント。慣れてくれば30回くらいは簡単に続くはずです。100回続くようになれば、あなたのスマッシュは完璧です。

ボールとラケットに慣れる練習法

壁を使って、ボレーするときの体とボールの距離感をつかむ

ねらい

Menu 011 壁打ち（横移動しながらボレー）

難易度	★★★☆☆
時間	①② 各2〜4分

習得できる技能
- フットワーク
- ラケットワーク
- コントロール（コース）
- コントロール（スピード）
- コントロール（回転量および距離）
- ポジション

①横移動しながらフォアボレー

▼やり方　壁の幅で、フォアボレーだけで横に移動しながらボレーを行う

★少しずつ右側に移動できる位置にボールを当てる

● ポイント

半身の体勢で移動する

横に移動しながらボレーするときは、写真のように半身になるのがポイント。ボールと体の距離感を保ちながら、軸足、踏み込み足を意識して一定のテンポで行おう

②横移動しながらバックボレー

▼やり方　壁の幅で、バックボレーだけで横に移動しながらボレーを行う

▲壁の幅までフォアボレーを行ったら、体の向きを入れかえてバックボレーを行う

 ポイント

家の中でも練習しよう

スポンジボールを使えば家の中でもMenu 9やMenu 11のような練習は可能。部屋の壁を相手にポンポンとボールをつくことで、ラケットに慣れることができるし、ボールと体の距離感も把握できる

練習の 目的 → 効果

横移動しながら壁とボレー＆ボレーするには、少しずつボールを進行方向に打つ必要があります。その「少しずつ」というところで、ラケット面のつくり方を覚えることができます。

また、壁と正対した「カニ歩きボレー」ではうまくいかないので、「軸足をつくって、踏み込み」というボレーの基本フットワークもマスターすることもできます。うまくできるようになれば、①→②→①→②とコートを横に移動しながら連続で行えるようになります。

森井先生のワンポイントアドバイス

ボールとラケットに慣れる練習法

壁の反射を使って準備を早くする大切さを身につける

ねらい

難易度 ★★★☆☆
時間 ①② 各4〜6分

習得できる技能
▶ フットワーク
▶ ラケットワーク
▶ コントロール（コース）
▶ コントロール（スピード）
▶ コントロール（回転量および距離）
▶ ポジション

Menu **012** 2人で行う壁打ち①

①クロス→クロスの連続ラリー

▼ やり方

2人が写真のようなポジションに位置し、
フォア（右側の生徒）対バック（左側の生徒）でラリーを続ける

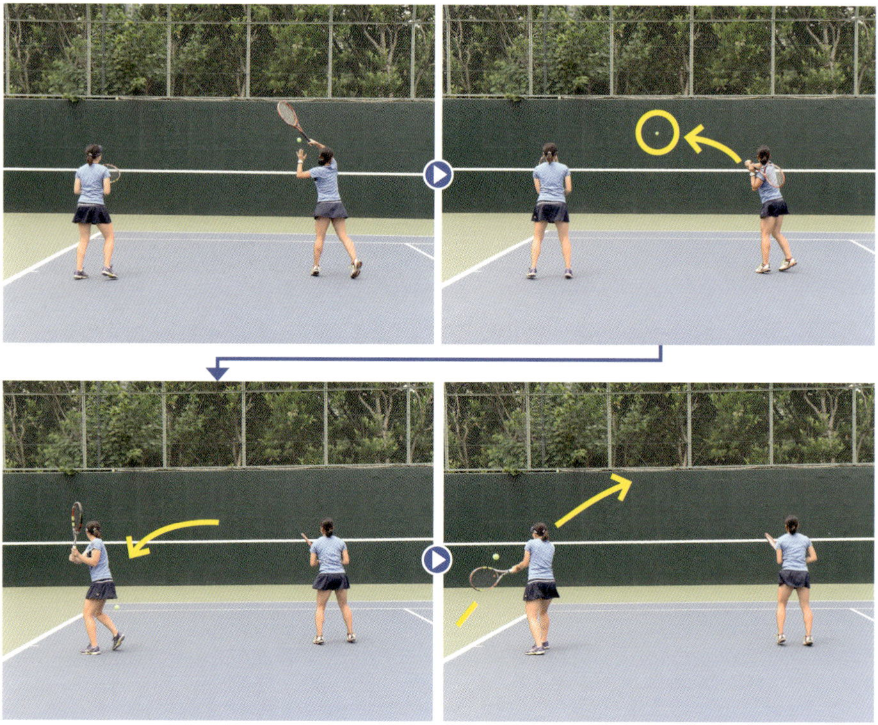

壁の中央をねらって打てばクロス→クロスの打ち合いになる

32

②回り込みのフォア対フォアで連続ラリー

▼やり方

2人が写真のようなポジションに位置し、フォア（右側の生徒）対回り込みのフォア（左側の生徒）でラリーを続ける

Arrange
ポジションを入れかえる

この練習でポイントになるのは回り込みのフォアを打つ左側のプレイヤー。ポジションを入れかえて、どちらもやるようにしよう

練習の 目的 → 効果

テニスでもっとも重要なストロークはクロス方向に打つボール。壁打ちを2人で行うときは、この大切なクロスボールの練習ができます。

壁打ちのメリットは、ボールを打った入射角でボールが出て行くということ。つまり、お互いに正確な場所にヒットすれば、つねに同じ場所で次のボールが打てるということです。レベルが高い2人が行えばクロスラリーが延々と続くことになります。逆に、このラリーが続かないようなら、ボールのコントロールがイマイチということ。打点がズレている可能性が高いので、しっかり矯正していきましょう。

森井先生のワンポイントアドバイス

ダブルスの前衛で必要な動きとショットをマスターする

ボールとラケットに慣れる練習法

ねらい

難易度 ★★★★☆
時間 ①② 各4〜6分

習得できる技能
▶ フットワーク
▶ ラケットワーク
▶ コントロール（コース）
▶ コントロール（スピード）
▶ コントロール（回転量および距離）
▶ ポジション

Menu **013** 2人で行う壁打ち②

①スマッシュ対スマッシュの連続ラリー

▼やり方　2人が平行陣でネットポジションを取った状況を想定した位置に立ち、壁に向かってスマッシュを交互に打つ

一球ごとにかならず違ったプレイヤーがスマッシュを打つ

②ボレー対ストロークの仮想ダブルス

▼やり方　2人が雁行陣のポジションを取り、後衛はクロスへ強打、前衛は跳ね返りのボールをボレーしてラリーを行う

後衛はクロスボール、前衛は逆クロスへのボレーを打つ

雁行陣（がんこうじん）とは⁉

1人がベースラインでストロークを担当し、もう1人がネットについてボレーやスマッシュを担当する陣形

練習の 目的 → 効果

森井先生のワンポイントアドバイス

　壁打ちを2人で行えば、実戦的なダブルスをシミュレーションできます。相手は鉄壁の守備を誇る壁。その壁を相手に2人のテクニックとコンビネーションを高めていきましょう。

　①はこちらが平行陣で相手が2バックの状況で、スマッシュ対ロブの展開をシミュレーションしています。連続してスマッシュを打つのは結構苦しいものです。この練習でロブへの対応力をつけましょう。

　また②の練習は、後衛がクロスボールを打って、相手が返球してきたボールを前衛が止める状況をシミュレーションしています。相手の前衛がポーチに出て打ってきたときの、こちらの前衛の反射（守備力）を高める練習に役立ちます。

ボールとラケットに慣れる練習法

ランダムに返ってくるボールに対応する

難易度 ★★★★☆
時間 8～12分（1回12ポイント）

習得できる技能
▶ フットワーク
▶ ラケットワーク
▶ コントロール（コース）
▶ コントロール（スピード）
▶ コントロール（回転量および距離）
▶ ポジション

Menu **014** 壁を使ったポイント練習

①壁を使った1対1のポイント練習

▼やり方　一方が球出しからスタート。サービスボックスをエリアに、1対1のポイントを行う

最初の球出しを交互に行うように。タイブレークと同じように12ポイントで

練習の 目的 ➡ 効果　 森井先生のワンポイントアドバイス

　これは壁を使った1対1のポイント練習です。跳ね返ったボールのOKエリアを設定する（写真の斜線部分）ことで、前後の動きを強調した練習となります。ここで使ってほしいショットはネット際に短く落とすドロップショットです。落としたボールをただ返すだけでは、相手が有利な状況は変わらないので「ドロップ返し」のような戦術的な思考＋テクニカルなショットをマスターすることができます。

第2章
ストロークのベースを身につける基本練習

テニスコートに入っていきなりボールを打つのではうまくならない。
自己流だと逆に変なクセがついて遠回りしてしまうこともある。
この章では、ボールに方向性を持たせたり、
ボールに回転をかけるときの基本を学んでいこう！

ストロークのベースを身につける基本練習

難易度 ★★★★☆
回数 ①② 各10回

目標を置いて打った
ボールに方向性を持たせる

ねらい

習得できる技能
▶ フットワーク
▶ コントロール（コース）
▶ コントロール（回転量および距離）

Menu **015** ボールをカゴに入れる

①ワンバウンドさせたボールをカゴに入れる

▼やり方　自分でバウンドさせたボールをサービスラインのTマークに置いたカゴにワンバウンドさせて入れる。簡単にできるようになったら、カゴをネット前に移動して行う

打点がズレている

◀最初はTマークに置いたカゴに。こんなにズレるようではNG

Level UP!

距離を伸ばす

慣れてきたら距離を伸ばしてネット前にカゴを置いてチャレンジ。距離が伸びればそれだけ難易度は高くなるのでコントロール強化の練習になる。

②球出しのボールを打ってカゴに入れる

▼やり方

球出しは写真の位置から。球出しのボールをフォアハンド（バックハンド）で打って、ワンバウンドさせてカゴに入れる

深いボールを打つ

▲カゴを置く位置はベースラインから3〜5m後ろ。深いボールを打って、2バウンド目でカゴに入るようにねらう

カゴを置く位置はベースライン。ストロークを打って、ワンバウンドさせてねらう

練習の 目的 → 効果　　森井先生のワンポイントアドバイス

　ストロークで何より大切なのはねらったところに打つことです。ここで紹介しているメニューは、ストロークの方向性を出すことを目的としています。
　①はとにかく真っすぐにボールを出す練習です。ワンバウンドさせて入れることで、力の入れ具合やスイングの大きさを調整できます。近い距離で行う①のストロークで、ボールが左右にズレるようなら、体の向きや打点がおかしいということです。
　②はボールの方向性に加えて、飛距離もコントロールします。ベースラインにカゴを置いたときはどこにバウンドさせれば良いのか、また、ベースラインよりも後ろに置いたときはどこに？というように、2バウンド目の落下点を意識しながら練習を行いましょう。

ストロークのベースを身につける基本練習

ボールに順回転をかける
メカニズムを学ぶ

ねらい

Menu **016** トップスピンをかける①

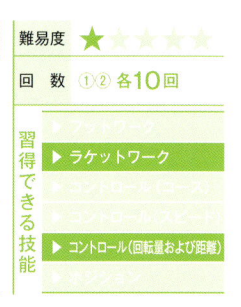

難易度 ★☆☆☆☆

回数 ①② 各10回

習得できる技能
▶ フットワーク
▶ ラケットワーク
▶ コントロール（コース）
▶ コントロール（スピード）
▶ コントロール（回転量および距離）
▶ スタミナ

①ネットの白帯とラケット面にボールを挟んでこすり上げる

▼やり方　写真のようにネットの白帯にボールを挟んでからラケットを上に振り上げ、相手コートにボールを転がす

ラケット面でボールを押さえつけてスタート 　　バックも同様に。ラケットは上に振り上げる

②ネットに近い場所からボールをこすり上げる

▼やり方　ネットから1mくらい離れたところから自分の出したボールをこすり上げて、設定ライン内に落とす

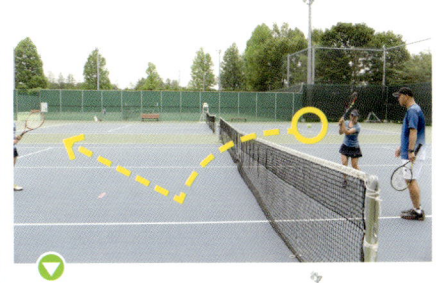

こすり上げたボールがこのライン内に落ちれば合格

両手打ちの場合は補助者にボールを出してもらう

練習の 目的 → 効果

森井先生のワンポイントアドバイス

　打ったボールに順回転をかける「トップスピン」はストロークに必要不可欠のテクニックです。まずは、トップスピンがどういうボールなのか、そのメカニズムを手順を踏んで学んでいきましょう。

　①の方法でボールを相手コートに落とせば、ボールにはかならず順回転がかかります。そのときには、ラケットを上に振り上げているはずです。トップスピンを打つときは下から上のスイングが必要ということです。

　ネットの近い場所から相手コートに打つ②は、さらに強くボールをこすり上げないと、設定したライン内にボールを落とせません。また、下から上のスイングができていないと、ボールがネットにかかってしまうので、スイングの矯正にも使えます。

ストロークのベースを身につける基本練習

ボールに順回転をかける打ち方をマスターする

Menu **017** トップスピンをかける②

難易度 ★★★☆☆
時間 ①②各2〜4分

習得できる技能
▶ ラケットワーク
▶ コントロール（コース）
▶ コントロール（回転量および距離）

①サービスボックスでトップスピンをかけてミニテニス

▼やり方　1対1でサービスボックスを使って、トップスピン限定のミニテニスを行う

ポイント

順回転を意識

この練習の目的は強く打つことではないので、ゆっくりでも順回転を意識して打とう！

★反対サイドとストレートも！

ゆっくりのボールで構わないので順回転を意識して打ち合う

反対サイドのクロスとストレートも行う

②球出しのボールを順回転をかけて打つ

▼やり方　サービスライン付近に目標を置いて、球出しのボールをトップスピンで打つ。
慣れてきたらベースラインまで目標を下げて行う

Level UP!
深いボールを打つ

目標はベースライン。しっかり振り切って、トップスピンをかけた深いボールを打つ。

目標はサービスライン。一球一球回転がかかっているか確認しながら打つように

練習の 目的 → 効果

森井先生のワンポイントアドバイス

　このメニューで意識してほしいのは、打ったボールにしっかり順回転がかかっているかどうかです。①のミニテニスはネットの高いところを通しながら、ゆっくりとしたリズムで行いましょう。
　球出しで行う②は地味な練習に見えますが、コーチがいる場合は、一球一球ボールの回転を見てもらいながらアドバイスしてもらえるのでとても効果が高い練習です。初心者、初級者だけではなく、「スピンのかかりが悪い」と感じている人なら、上級者でもこの基礎練習を取り入れることをお勧めします。

ストロークのベースを身につける基本練習

ボールに逆回転をかけるメカニズムを学ぶ

ねらい

難易度 ★★☆☆☆

回数 ①×② 各10回

習得できる技能
▶ ラケットワーク
▶ コントロール（回転量および距離）

Menu **018** スライスをかける

①スライス回転を意識しながらボールを上につく

▼やり方　手のひらを上にしたラケット面を横に動かしてボールをポンポンとつく。
できたら、手の甲を上にしたラケット面を横に動かしてボールをつく

[最初はこれ]　　　　　　　　　　　[できたら次はこれ]

②ネットの白帯とラケット面にボールを挟んでから下にボールをズラす

▼やり方　写真のようにネットの白帯にボールを挟んでからラケットを下にズラして、再びボールをネットで挟む

▲フォアでも同様に行う

ラケットを下にズラしてボールに逆回転をかける

練習の 目的 → 効果

森井先生のワンポイントアドバイス

　打ったボールに逆回転をかけるのが「スライス」のテクニックです。スライスと聞くと、ボールを「切る」ようなイメージを持ちがちですが、実際はそんなに切って打つわけではありません。まずそのメカニズムを学んでいきましょう。
　①の方法でボールをポンポンとつくと、ボールには逆回転がかかります。手のひらを上にしたときがフォアハンドスライスの回転。手の甲を上にしたときがバックハンドスライスの回転です。
　ボールに逆回転をかけるときのボールとラケットの関係は②の方法で学ぶことができます。ラケットを下にズラしたときのボールには逆回転がかかっているはずです。それをスライスに応用するわけです。

ストロークのベースを身につける基本練習
ボールに逆回転をかける打ち方をマスターする

ねらい

Menu **019** スライスの回転を意識する

難易度 ★★★
時間 ①②各2〜4分

習得できる技能
▶ ラケットワーク
▶ コントロール（コース）
▶ コントロール（回転量および距離）

①スライスをかけてネットを越す

▼やり方　ネットから1mくらい離れたところから自分で落としたボールにスライスをかけてネットを越す

相手の足元に落とす感じで

OK 上向きの面を使う

NG フラットの面で当てるとスライスがかからない

●ポイント
回転を確認する
最初はゆっくりでいいのでしっかり逆回転がかかっているか確認しながら打つ

②距離を遠くしながらスライスをかけてネットを越える

▼やり方　1対1でサービスボックスを使って、スライス限定のミニテニスを行う

◀▶デュースサイドはフォアハンドスライスで

◀アドサイドはバックハンドスライスで

◀ストレートのときはフォア＆バック、ランダムに

練習の 目的 → 効果

スライスは「巧拙」が生じやすいショットです。それは一般プレイヤーだけではなく、プロ選手でも同じ。理由は、最初の段階で、ちゃんと感覚を入れているかどうかです。テニスを覚え始めの頃にちゃんとスライスを教えられた人は、スライスがうまく使えます。ここで紹介したスライスのメニューはぜひ普段の練習に取り入れてください。

森井先生のワンポイントアドバイス

上達への近道は、打ったボールに逆回転がかかっていることを確認しながら練習することです。初めの段階では、速いスライスも強くバックスピンがかかったスライスも必要ありません。②のメニューが100球続くようになればあなたのスライスは確実に向上しています。

ストロークのベースを身につける基本練習

ボールに逆回転をかける打ち方をマスターする

ねらい

難易度 ★★★☆☆
回数 ①②各20球

習得できる技能
▶ ラケットワーク
▶ コントロール（コース）
▶ コントロール（回転量および距離）

Menu **020** スライスをかけて打つ

①球出しのボールをバックハンドのスライスで打つ

▼やり方　サービスライン付近から球出ししたボールをバックハンドのスライスでクロスとストレートに打つ

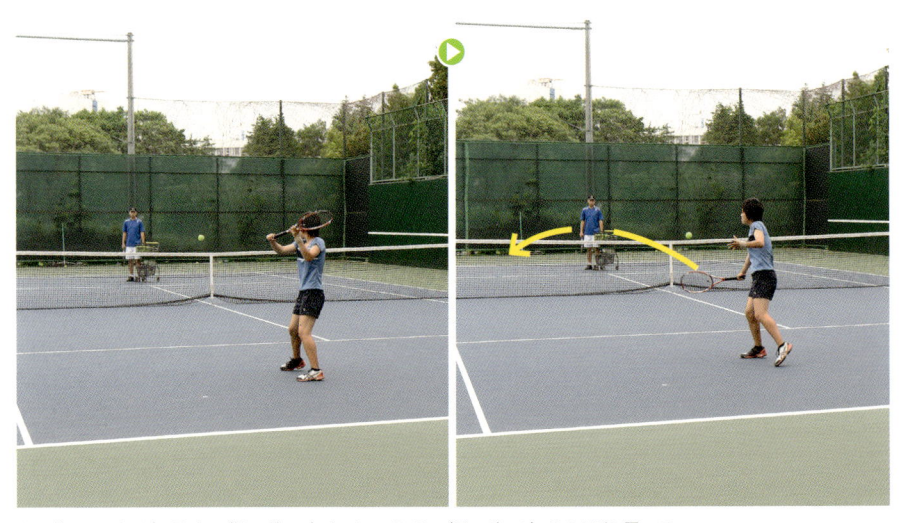

ターゲットはサービスライン（短いボール）とベースライン（深いボール）の2カ所に置いて、クロスとストレートを打ち分ける

練習の 目的 → 効果

森井先生の ワンポイントアドバイス

　スライスをマスターするためには、逆回転をかける感覚を体（手）に覚え込ませなければいけません。そのための効果的な練習が球出ししてもらったボールを打つ基礎練習です。コーチに一球一球ボールの回転を見てもらいながら行うとさらに効果が上がります。
　スライスの練習というとバックハンドが多くなってしまいますが、フォアハンドで打つスライスの練習も同じボリュームで行ってください。サービスライン付近のターゲットをねらえば「ドロップショット」、ベースラインのターゲットをねらえば「アプローチ」に応用できます。
　実戦の中で"フォアスラ"を使えるように、初中級のレベルから練習に取り入れましょう。

②球出しのボールをフォアハンドスライス（フォアスラ）で打つ

▼やり方 サービスライン付近から球出ししたボールをフォアハンドのスライスで
クロスとストレートに打つ

［ベースラインまで下がって
フォアスラでクロスに打つ］

［フォアスラでストレートに打つ］

ターゲット　　ターゲット

ストロークのベースを身につける基本練習

逆回転をかけたショットの効果を探る

ねらい

Menu **021** フォアスラを攻撃に使う

難易度 ★★★★☆
時　間 4〜6分

習得できる技能
▶ ラケットワーク
▶ コントロール（コース）
▶ コントロール（回転量および距離）

バックスピンを意識してフォアスラでドロップショットを打ってみる

▼やり方　ネットに近い場所にターゲットを置いて、フォアハンドのスライスで、クロスとストレートに短いボールを落とす

[このような放物線をイメージ]

[ストレートに落とすボールも練習する]

練習の 目的 → 効果

ボールに逆回転をかけるスライスは、ボールに入れる面の角度だけで距離をコントロールできるというメリットがあります。その意味で、手のひら感覚を使いやすいフォアハンドのスライスは、一度覚えるとさまざまなショットに応用できます。

森井先生のワンポイントアドバイス

ここで紹介しているのはフォアスラを使ったドロップショットの練習メニューです。ターゲットをネット際に置いて、逆回転を強くかけて打ってみましょう。ポイントは、放物線を描くような弾道にすること。直線的な弾道ではドロップショットは成功しません。

第3章

ストロークの基本練習法

この章では、ストロークを上達させる具体的な練習法を紹介していく。
紹介しているメニューは、日体大テニス部で日常行っているもの。
少人数から多人数の練習までアレンジ可能なものをチョイスしたので
普段の練習にぜひ取り入れてほしい。

ストロークの基本練習法

ストロークを打つときの
ボールと体の距離感をつかむ

ねらい

Menu **022** 手出しのボールをフォアとバックで打つ

難易度 ★★☆☆☆
回数 2球×10セット

習得できる技能
▶ フットワーク
▶ ラケットワーク
▶ コントロール（コース）
▶ コントロール（回転量および距離）

①手出しのボールをセンターから動いてフォアとバックで交互に打つ

▼やり方　写真のポジションから手出しのボールをフォアとバックに出して、2球打ったらローテーションして次の生徒に球出し

▲ボールと体の距離感がしっかり取れているかチェック

🟠 ポイント

ねらったエリアに打つ

深いポジションに設定したエリアをねらって打つ

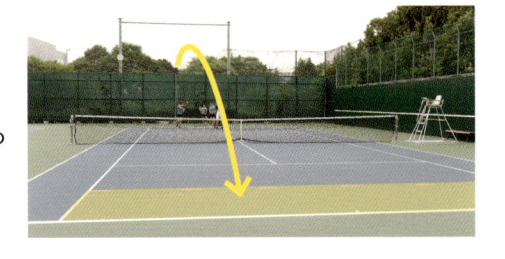

ポイント ストローク練習するときのターゲット設定は？

ストロークで基本となるのはベースライン深くに打つボール。こうした基礎練習を行う場合は、単に打たせるのではなく、ねらう場所を意識させるためにターゲットを設定して行おう

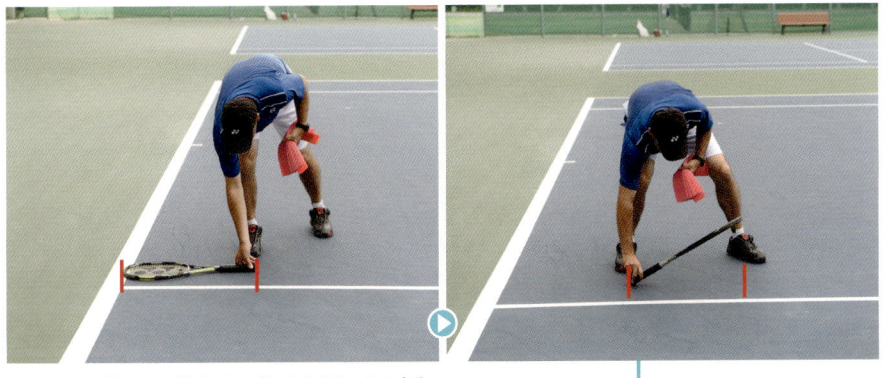

▲深いボールを打たせる場合のターゲットはラケット3本分

▲マーカーを置いて打球スペースを設定する

練習の 目的 → 効果

森井先生のワンポイントアドバイス

　ストロークで大切なのは「深いボール」を打つことです。深いボールを打つためには、体の前にスイングスペースをつくってしっかりと振り切る必要があります。打つボールの深さを意識させるために①のような基礎練習はレベルを問わず行ってほしいものです。
　こうした基礎練習を行う場合は、かならずターゲットを設定して、「そこに打つ！」とつねに意識させてください。単に打ちっぱなしの練習よりも確実に効果が出ます。また、ターゲット（打つエリア）は生徒のレベルによって変更しますが、深いボールを練習するときは、ポイント欄で紹介しているように「ラケット3本分」を基準としてください。

| ストロークの基本練習法 | 難易度 ★★★ |
| 回数 2球×10セット |

回り込むことでフットワークの重要性を学ぶ

習得できる技能
- フットワーク
- ラケットワーク
- コントロール（コース）
- コントロール（回転量および距離）

Menu 023 手出しのボールをフォアとバックに回り込んで打つ

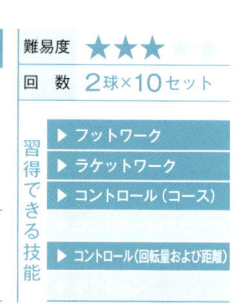

①手出しのボールをフォアもバックも回り込んで交互に打つ

▼やり方　写真のポジションから手出しのボールを右と左に出して、右に出したボールはフォアハンドで、左に出したボールはバックハンドで打つ。2球打ったらローテーションして次の生徒にチェンジ

[フォアに回り込んで]

◀生徒のバック側に山なりのボールを出してフォアに回り込ませる

◀ボールに回り込むフットワークができているかチェック

◀しっかりと振りきって打てているかチェック

練習の 目的 → 効果

森井先生のワンポイントアドバイス

ストロークの攻撃力を向上させるために、フォアハンドに回り込んで打つテクニックを球出しで学びます。ここで大切なのは、フットワークを使って、ボールの後ろに体を運ぶこと。体の前にスイングスペースができているかどうか、一球一球確認しながら行いましょう。

ポイントとなるのは、バックに回り込む練習も同時に行うことです。実戦ではバックに回り込む場面はそんなにあるわけではありませんが、ポイント欄で紹介しているように、ボールと体の距離感を保つための効果的なフットワーク練習となります。

[バックに回り込んで]

● ポイント　バックハンドも回り込ませる

フォアハンドはある程度アバウトな打点でも打てるが、バックハンドは体とボールの距離を保てないと打つことができない。フットワークを鍛えるためにバックへの回り込み練習は必須といえる

ストロークの基本練習法

打った後にポジションを戻すクセをつける

Menu **024** 手出しのボールを2本連続で打つ

難易度 ★★☆☆☆
回数 2球×10セット

習得できる技能
▶ フットワーク
▶ ラケットワーク
▶ コントロール（コース）
▶ コントロール（回転量および距離）
▶ ポジション

①サイドステップを使いながらフォア、バックを2本ずつ打つ

▼やり方 写真のポジションから手出しのボールをフォアに出して打ったら元のポジションに。すぐに2球目を出してもう一度フォアハンドで打つ。バック側も同様に行う

🟠 ポイント

サイドステップが大切

ストロークで大切なのはポジショニング。横に動いて打ったら、かならずポジションを戻すことが大切。このときに鍵となるのが「サイドステップ」。このフットワークをこの練習で身につける。ここでは2球連続で行っているが、レベルによってはさらに球数を増やして行う

[バックで2球連続打ち]

練習の 目的 → 効果

手出しのボールで行うストローク練習は基本中の基本ですが、コーチと生徒の距離が近く、一球一球アドバイスをしながら行えるのでレベルを問わず有効な練習となります。また、1対1から多人数の練習にも応用可能です。

紹介しているMenu 22から24の練習の他にもさまざまな状況設定で行うことができます。生徒に特定の苦手ショットがある場合は、1対1でじっくりと行うことで早めに欠点を解消することが可能です。

森井先生の ワンポイントアドバイス

手出しの練習を行うときは、生徒もコーチもフォームやフットワークに意識が向いて、打ったボール（結果）を疎かにしがちなので、面倒でもかならずターゲットを設定して行うようにしましょう。

ストロークの基本練習法

手出しとラケットでの球出しの違いを実感する

Menu 025 球出しのボールを左右に動いて打つ

難易度 ★★★☆☆
回数 2球×10セット（1・2）

習得できる技能
- フットワーク
- ラケットワーク
- コントロール（コース）
- コントロール（回転量および距離）

①センターから動いてフォアとバックで交互に打つ

▼やり方　サービスラインのTマークから球出し。
フォアとバックを打ったら次の生徒にローテーション

◀フォア、バックに打たせるときは、かならずクロス方向とストレート方向にターゲットを置くように

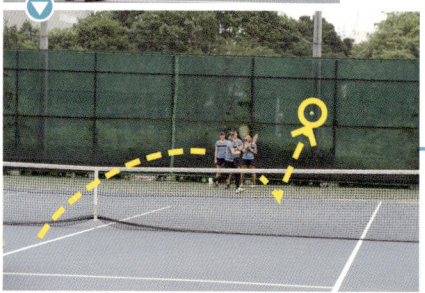

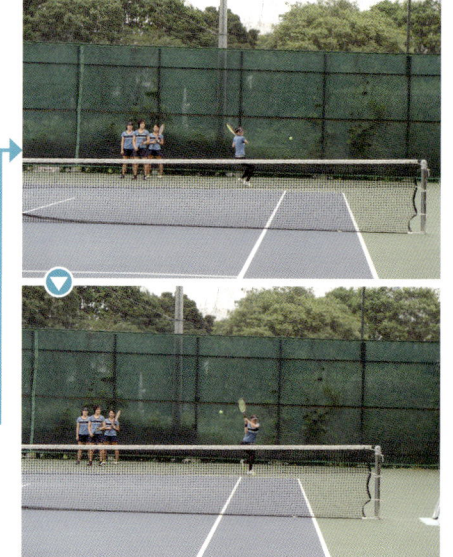

練習の 目的 → 効果

この練習は、ラケットを使った球出しでもっともポピュラーなものです。出す位置はサービスラインのセンターから。生徒を左右に振ってのストローク練習です。

こうした球出し練習で大切なのは、生徒のレベルと人数をしっかり把握しながら行うことです。たとえば、レベルが高い生徒と1対1で行うときは、

森井先生のワンポイントアドバイス

厳しいボールを連続で出すことで強度が高い練習となるし、レベルが低い生徒が大人数のときは、やさしいボールをフォア、バックに一球ずつ出すことで基礎練習となります。①と②の練習でも、出し手（コーチ）しだいで、強度が高い練習にも基礎練習にもなるということです。

②センターから動いてフォアもバックも回り込んで交互に打つ

▼やり方 サービスラインのTマークから球出し。バック側に出したボールはフォアに回り込んで、フォア側に出したボールはバックに回り込んで打つ

▲球出しは生徒が十分回り込めるスピードで。無理な球出しでは練習の効果が出ないの注意しよう

● ポイント　球出し練習では、ボールを出す場所に工夫を施す

ラケットを使った球出し練習は、出し手の位置を変えることによってさまざまな状況を設定できる。サービスラインから出すのか、ベースラインから出すのか、センターから出すのか、サイドから出すのか……出し手は、練習するショットの目的に応じたポジションをつねに考えよう

ストロークの基本練習法

前後に動くときの
フットワークを身につける

Menu **026** 球出しのボールを前後に動いて打つ

難易度	★★★
回数	2球×10セット（4球×5セットでも可）

習得できる技能
▶ フットワーク
▶ ラケットワーク
▶ コントロール（コース）
▶ コントロール（回転量および距離）
▶ ポジション

①前後に動いて2球連続で打つ

▼やり方　サービスラインのTマークから前後に球出し。
短いボールを前に出て打ったら、次は深いボールを下がって打つ

◀レベルによって短い→深い（フォア）→短い→深い（バック）、と2往復させてもOK

Arrange

2列で行う

2列で行う場合は、左の生徒に短いボール→右の生徒に短いボール→左の生徒に深いボール→右の生徒に深いボールの順で出す。

◀2球目のボールを打つときに余裕がある場合はサイドステップを使って下がる

ポイント

下がるときのステップ

この練習でポイントとなるのは後ろに下がるときのステップ。写真のように余裕があるときはサイドステップで下がり、余裕がないときはクロスステップで下がるように指導する

練習の 目的 → 効果

これは前後のフットワークを鍛える球出し練習です。実戦では、短いボールを打ったらそのままネットポジションを取ることが多いと思いますが、そこでロブを上げられた……という状況を設定しています。
　後ろに下がるときのフットワークは、

森井先生のワンポイントアドバイス

練習しておかないと身につきません。ボールによって、サイドステップで下がるのか、クロスステップで下がるのか、といったことをこの練習で指導してください。また、人数が多いときは左の写真のように2列になって行うことも可能です。

61

ストロークの基本練習法

前後の動きを連続して行いながらストロークを打つ

ねらい

Menu 027 ストロークのバタフライドリル①

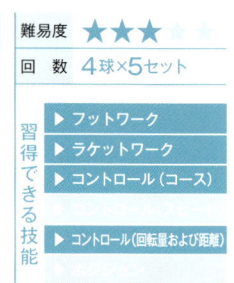

難易度	★★★☆☆
回数	4球×5セット

習得できる技能
- ▶ フットワーク
- ▶ ラケットワーク
- ▶ コントロール（コース）
- ▶ コントロール（回転量および距離）

①フォア前→バック後ろ→バック前→フォア後ろに動きながら打つ

▼やり方　サービスラインのTマークから4球連続で球出し。フォア前の短いボールからスタートして、フォア後ろの長いボールでフィニッシュ

▲フォア前のボールを打ったら

▲バック奥に下がって2球目を打つ

▲続いてバック前のボールを打ったら

▲フォア奥に下がって打ってフィニッシュ

🔴 ポイント バック前からスタートのパターン②も行う

左が写真で紹介した①のパターン。右はバック前のボールを1球目に出す②のパターン

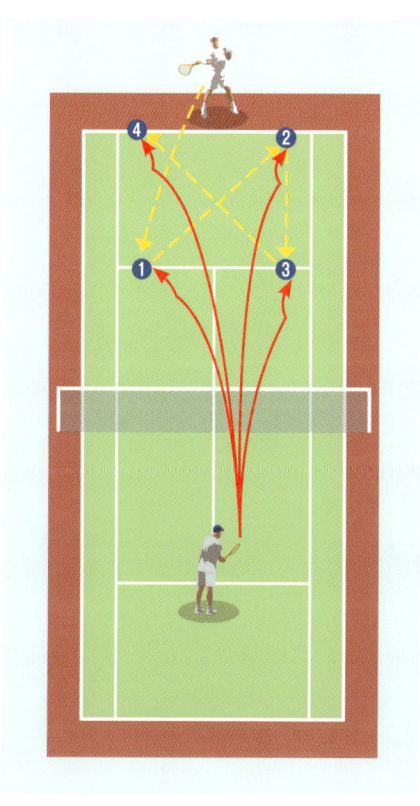

▲①のパターン
一球目をフォア前に出す

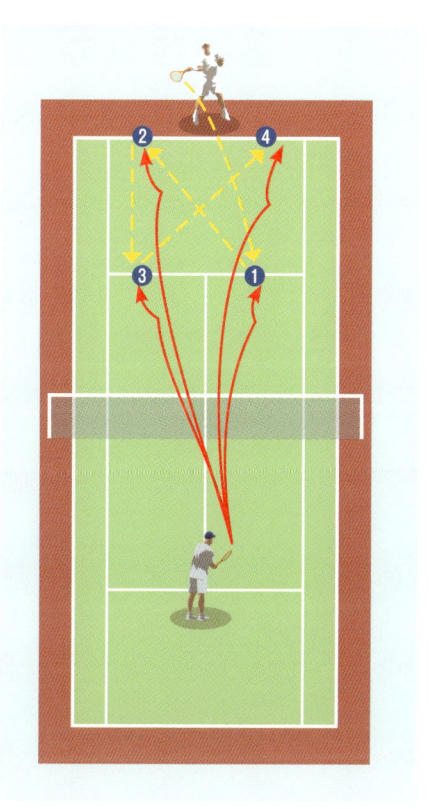

▲②のパターン
一球目をバック前に出す

練習の 目的 → 効果

球出し練習ではさまざまなパターンをつくり出すことができます。その典型的な例がここで紹介しているバタフライドリルです。実戦では、こうした4球連続の動きはありませんが、前のボールと後ろのボールを組み合わせることで、前後に動くときのフットワークドリルとして使うことができます。

森井先生の ワンポイントアドバイス

ポイントとなるのは、前のボールを拾った後に上げる対角線へのロブです。これはダブルスの実戦で、前衛が守備に回るときの動きをシミュレーションしています。どんなに厳しいボールを出されてもしっかりと逃げのロブで対応できるようにしましょう。

ストロークの基本練習法

回り込みの動きを入れながらストロークを打つ

ねらい

難易度	★★★★
回数	4球～5セット

習得できる技能
▶ フットワーク
▶ ラケットワーク
▶ コントロール（コース）
▶ コントロール（回転量および距離）

Menu 028 ストロークのバタフライドリル②

①バック前→フォア後ろ→フォア前→バック後ろのボールをすべて回り込んで打つ

▼やり方

サービスラインのTマークから4球連続で球出し。
バック前の短いボールをフォアの回り込みからスタートして、
バック後ろの長いボールをフォアに回り込んでフィニッシュ

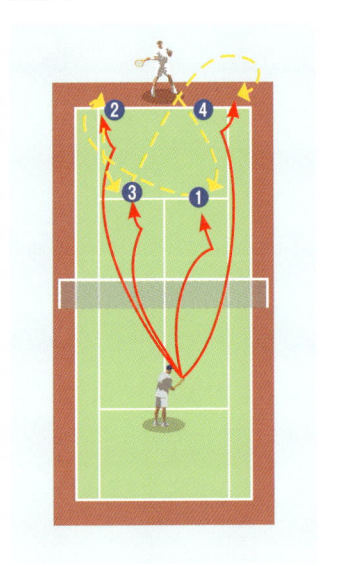

練習の 目的 → 効果

　この球出し練習も4球連続で行うバタフライドリルです。前ページのMenu 27と違うのは、すべてのボールを回り込んで打つという点。回り込む分、走る距離が長くなるので、強度が高くなり上級者向きのメニューとなります。
　この練習のポイントとなるのは、球出しするコーチの眼です。元々、フォア側のボールをバックで回り込むのは不自然な動きです。目的は、フットワークを使って、ボールに回り込む感覚をつかませること。ここでまったく拾えないような厳しいボールを出してしまっては練習の意味がありません。コーチは、生徒のレベルを見極めながら球出しする必要があります。

森井先生のワンポイントアドバイス

◀バック前のボールを
フォアで打ったら

◀フォア奥の２球目を
バックに回りんで打つ

◀続いてフォア前の
ボールをバックで打っ
たら

◀バック奥のボールを
フォアの回り込みで
フィニッシュ

65

ストロークの基本練習法

4球連続で打ってフォアとバックの対応力を高める

ねらい

Menu **029** ストロークの4球連続ドリル

難易度 ★★★★☆
回数 ①×②　各4球〜5セット

習得できる技能
▶ フットワーク
▶ ラケットワーク
▶ コントロール（コース）
▶ コントロール（スピード）
▶ コントロール（回転量および距離）
▶ ポジション

①フォア→フォア（中）→フォア→フォア（中）で打つ

▼やり方　センターからスタート。サイドのボールを打ったら、センターに戻って2球目を打ち、すぐに出るサイドのボールを打ったら、またセンターに戻って4球目を打つ。バックも同じように行う

▲センターからスタート

▲センターに戻って回りこんで2球目を打つ

▲サイドに走って1球目を打つ

▲サイドに出たボールを追って

▲打ったらすぐにセンターに戻って

▲3球目を打ったらセンターに戻って4球目を打ってフィニッシュ

66

②フォア→バック→フォア→フォア回り込みで打つ

▼ **やり方** サービスラインのTマークから4球連続で球出し。
サイドのボールをフォアで打ってスタート。バック、フォアと横に動いて打って、
最後のバック側のボールはフォアに回り込んで強打でフィニッシュ

▲一球目のボールをフォアで打ったら

▲中ロブが上がってくるので素早く左サイドに移動して

▲2球目をバックに走って打つ

▲バック側のボールを回りこんで

▲すぐにフォアに移動して3球目を打ったら

▲フォアハンドで叩いてフィニッシュ

練習の 目的 → 効果

森井先生の ワンポイントアドバイス

4球連続球出しドリルで、基本となるのが①のコート半面を使ったメニューです。横に動いて打って、センターに戻って打って、また横に動いて打って、センターに戻ってという繰り返し。ストロークの基礎力を高める練習です。また②はシングルスコート幅を使う練習なので強度は①よりも高くなります。ポイントは、4球目にゆっくりのボールを出して、回り込みのフォアでハードヒットさせるところ。「打って終わる」というイメージを生徒に植えつけるのが目的です。

ストロークの基本練習法

3球連続ショットで攻撃力を高める

ねらい

難易度 ★★★☆☆
回数 ①② 各3球×5セット

習得できる技能
- フットワーク
- ラケットワーク
- コントロール（コース）
- コントロール（スピード）
- コントロール（回転量および距離）
- ポジション

Menu 030 3球連続ハードヒット

①フォア→フォア→バックで打つ

▼やり方　センターでフォアを打って、2球目はサイドに出たボールをフォア、センターに戻ってバックで打つ

▲センターのボールをフォアで強打

▲センターに戻って

▲サイドに出たボールを追って

▲バックで強打

▲フォアで強打

🔴 ポイント

攻撃力を高める

この練習で大事なのは連続して強く打つこと。強打を身につけて攻撃力を高めよう

②バック→バック→フォアで打つ

▼やり方 センターでバックを打って、2球目はサイドに出たボールを再びバック、センターに戻ってフォアで打つ

▲センターのボールをバックで強打

▲サイドに出たボールをバックで強打

▲センターに戻って

▲フォアで強打

練習の 目的→効果

プロの練習でも、クロス→クロス→ストレートというように、3球を1セットにした練習はポピュラーなものです。この球出し練習は、3球連続して強打することで攻撃力を高めることを目的としています。

この練習で大切なのは、単にボール

森井先生のワンポイントアドバイス

を強打することではなく、1球目のボールで主導権を握り、2球目で相手を追い込み、3球目で決めるといったビジョンを持ちながら行うことです。ポイントなるのは2球目のショットです。ターゲットをねらってしっかりと打ち抜きましょう。

ストロークの基本練習法

ストロークの
コントロールを高める

難易度 ★★☆☆☆
回数 2球×10セット

習得できる技能
▶ フットワーク
▶ ラケットワーク
▶ コントロール（コース）

Menu **031** コントロールをつける①

①手出しのボールを2方向に打ち分ける

▼やり方　写真のようなポジションから手出しにボールを出して、
一球一球、コースをねらってボールを打つ

[フォアハンドで]　　　　　　　[バックハンドで]

ポイント① コートを2分割に

最初の段階では目標はアバウトで構わない。コートを2分割して、ストレートとクロスを打ち分ける

[ストレートに]　　　　　　　　　[クロスに]

ポイント② 打点とコースの関係は？

コースがばらつく生徒がいたら、打点とコースの関係を指導する。
インパクトの面が向いた方向が「ボールが飛ぶコース」と理解させよう

[この打点ならストレート]　　　　[打点を前に取ればクロス]

練習の 目的 → 効果

森井先生のワンポイントアドバイス

　ここからのメニューは、ストロークのコントロール力をつけることを目的としています。コントロールといっても、打つコースは「ストレート」と「クロス」の2コースが基本。そこにボールの威力や回転を与えていくわけですが、まずは2コースに打ち分ける基本を学んでいくことが大切です。

　手出しで行う基礎練習は、コーチと生徒の距離が近いので、うまくいかない理由と矯正法をすぐに示すことができます。①のようにアバウトに打ち分けるときに見てほしいのは、ポイント欄で紹介しているような打点とコースの関係です。初中級者を指導する場合は、細かな気づきがいろいろあってもオーバーティーチングにならないように気をつけましょう。

ストロークの基本練習法

2方向に打ち分けてコントロールを高める

難易度 ★★★
回数 ①②各2球×10セット

習得できる技能
▶ フットワーク
▶ ラケットワーク
▶ コントロール（コース）

Menu **032** コントロールをつける②

①球出しのボールをストレートに打つ

▼やり方　サービスラインのTマークから球出し。ストレート方向に設定したエリアをねらって打つ

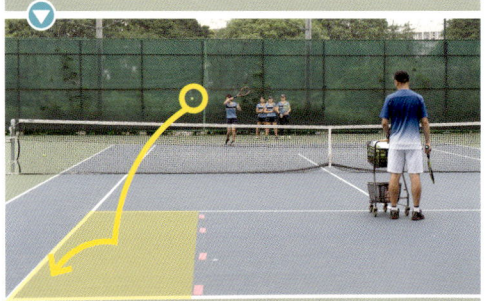

ここをねらって打つ

◀サイドラインからラケット3本分のスペースをねらって打つ

● ポイント

ターゲットの設定は？

コースをねらう練習はコーンを置いて行うことが多いが、それでは「点」をねらう練習になってしまう。お勧めは写真のようにマーカーを使う方法。こうして「面」のターゲットをつくったほうが実戦的だ

②球出しのボールをストレートとクロスに打ち分ける

▼ **やり方** サービスラインのTマークから球出し。
ストレート方向とクロス方向に設定したエリアをねらって交互に打つ

練習の 目的 → 効果

森井先生のワンポイントアドバイス

前ページのMenu 31では、打つ場所をアバウトに設定しましたが、生徒が慣れてきたらもっと明確なエリアを設けてコースを打ち分けましょう。写真の打球エリアは、シングルスラインからラケット3本分で設定していますが、レベルが高くなるにしたがって、2本分、1本分と徐々に狭くしていきます。
　このドリルでは、フォアハンドでストレート&クロス、バックハンドでストレート&クロスの4コースを打つことになります。練習を繰り返すと、「うまく打てるコース」、「打てないコース」がはっきりしてくるはずです。苦手なコースがわかったら、そこを重点的に練習して克服していきましょう。

ストロークの基本練習法

クロスボールの深さを
コントロールする

難易度 ★★★★
回数 3球×5セット

習得できる技能
▶ フットワーク
▶ ラケットワーク
▶ コントロール（コース）
▶ コントロール（回転量および距離）

Menu **033** コントロールをつける③

①シングルスライン沿いにターゲットを3つ置いて打つ

▼やり方　サービスラインのTマークから球出し。
　　　　　クロス方向に置いたターゲットをねらって3球連続で打つ

◀フォアとバックで3つのターゲットをねらって打つ

🟠 ポイント①

ターゲットの設置方法

ターゲットはコーナー（Ⓐ）、ベースラインとサービスラインの中間（Ⓑ）、サービスラインよりも内側（Ⓒ）の3カ所に置く。（Ⓑ）は普通のアングルショット、（Ⓒ）はショートアングルをイメージしている

ポイント② 3球を打つ順番は深いところから浅いところに

ポイント

最初は
ここをねらう

◀クロスの3本打ちでは

◀最初はいちばん奥の
ターゲットをねらう

練習の 目的 → 効果

**森井先生の
ワンポイントアドバイス**

　プロが行う練習にクロス→クロス→ストレートという3球1セットの基本ドリルがありますが、これは、クロスに展開して、ストレートに決める、という実戦を想定したものです。そこで大切になるのが、クロスに展開する2球。このメニューは、そのクロスボールのコントロール力アップを目的としています。
　クロスボールに必要なのは、深さと角度をコントロールするテクニックです。コーナー（深いボール）をベースに、回転量を調整しながら、アングル、ショートアングルを打ち分けられるように練習しましょう。

ストロークの基本練習法

トップスピンをかけて
ベースラインに深いボールを打つ

Menu **034** コントロールをつける④

難易度 ★★★★
回数 2球×10セット

習得できる技能
▶ フットワーク
▶ ラケットワーク
▶ コントロール（コース）
▶ コントロール（回転量および距離）

①クロスとストレートの深いターゲットをねらってロブを打つ

▼やり方　サービスラインのTマークから球出し。
ベースライン深くに落ちるロブ（3個目のコーン目標）をフォアとバックで上げる

▲前衛がいることを想定してボールの高さを出す

▲フォアでストレートとクロス。バックでストレートとクロスのロブを打つ

● ポイント トップスピンをかけたロブ

ここで打ちたいのは大きな放物線を描いてベースライン付近に落ちるロブ。トップスピンをしっかりかけて、バウンド後に弾むボールを打とう。

ボールの落下点だけでなく、2バウンド目がどこまで弾んでいるか、トップスピンのかかり具合に注目するように

練習の 目的 → 効果

森井先生の ワンポイントアドバイス

　一般プレイヤーだけではなく体育会の女子ダブルスでも「中ロブ」は大切なツールです。トップスピンをしっかりかけた中ロブをベースライン深くに打ち続けられる練習は必要不可欠です。
　①は基礎練習として、サービスライン付近から簡単な球出しをしていますが、慣れてきたら球出しのポジションをベースラインまで下げて、さまざまな球種の球出しに対応できるようにしましょう。この練習では、フォアハンドでストレート＆クロス、バックハンドでストレート＆クロスの4コースのロブを打つことになります。うまく上がらないコースがあったら、そこを重点的に練習するようにしましょう。

ストロークの基本練習法

ライブボールをコントロールしながら打ち分ける

Menu **035** コントロールをつける⑤

難易度 ★★★★
時間 各1人側 2〜5分×人数

習得できる技能
▶ フットワーク
▶ ラケットワーク
▶ コントロール（コース）
▶ コントロール（回転量および距離）

① 1対2のラリーで1がストレートとクロスに打ち分ける

▼やり方 球出しは写真の位置から。1人側はコート半面をカバーしながら、2人側にストレートとクロスのボールを打ち分ける。
2人側はコート半面につなぎのボールを打つ

◀4人で行う場合は1人は球出し

◀一人側はコート半面を守りながら相手コートのシングルスエリアに返球する

ポイント アレーに打ってもOK

1人側が慣れてきたら、打ってもOKのエリアをダブルスコートまで広げて、アレーをねらって打つ

②シングルスコート半面対ダブルスコート全面でストレートとクロスに打ち分ける

▼やり方 シングルスコート（1人側）対ダブルスコート（2人側）でラリーを行う。
1人側がストレートとクロスを打ち分け、2人側はできるだけやさしいボールでつなぐ

▲アレーをねらって打ち分けられたら最高

● ポイント　2人側はやさしいボールでつなぐ

練習の目的はコントロールをつけることなので2人側はラリーをつなぐことを
第一に、やさしいボールを出すように心がけよう

練習の 目的 → 効果

球出し練習でコースの打ち分けに慣れてきたら、次のステップとして生徒同士でラリーを行いましょう。ライブボールは球出しとは違って、かならずしも打ちやすい場所に飛んでくるわけではないので、しっかりしたフットワークと準備が必要です。

①のように、コート半面対コート全面で行えば、一人側も動く範囲が狭いのでラリーがつながるはずです。スト

森井先生のワンポイントアドバイス

レートとクロスにしっかり打ち分けるようにしましょう。

レベルが高い生徒なら②のように、シングルコート全面対ダブルスコート全面でのラリーが可能です。ただしこの場合、打ちっぱなしにすると「コース」を考えなくなるので、ストレートに打ったらクロス、クロスに打ったらストレートと、頭を使いながらラリーを行うようにしましょう。

ストロークの基本練習法

クロスボールとロブの精度を上げる

Menu **036** コントロールをつける⑥

難易度	★★★★
時間	①② 各1人側 2〜5分×人数

習得できる技能
▶ フットワーク
▶ ラケットワーク
▶ コントロール（コース）
▶ コントロール（回転量および距離）

① 1対1でクロスラリーを行う

▼やり方　1対1でクロスコートのラリー行う。最初はシングルスコート限定で。慣れてきたらアレーもOKに。デュースサイド、アドサイドで行う

[シングルスコートでクロス方向に打ち合う]

[相手のダブルスコートに打球エリアを設けて角度をつけたボールを打ち合う]

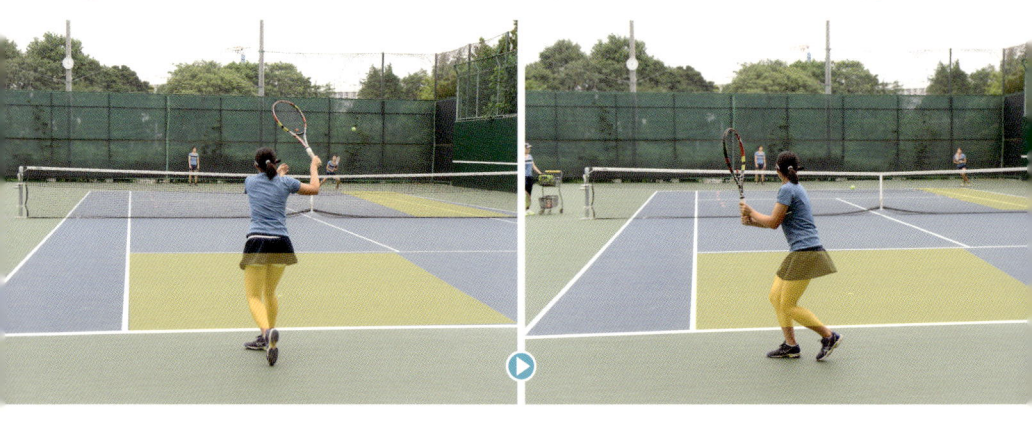

②1対2で中ロブを打ち合う

▼やり方 1対2で、1人側が制限エリアをねらって中ロブを打つ。
2人側はゆっくりのボールでつなぐ

[ベースラインからラケット3本分のエリアをねらって深いロブを打つ]

[深さと回転を意識しながら中ロブを打ち続ける]

練習の 目的 → 効果

クロスボールとロブに特化したこのメニューは、ダブルスで基本となるショットの精度を高めることを目的としています。

雁行陣のダブルスなら、基本となるのは前衛に取られないクロスボールが必要不可欠。また、深いロブは守りにも攻撃にも必要なショットです。

①のように、1対1でコースを限定したラリーは、単純な打ち合いになると、入れることに終始しがちなのでボールが甘くなってしまいます。ポイント制にして厳しく打ち合う方法も有効です。また、②の1対2のロブも、単に深いボールを打つのではなく、トップスピンを意識しながら、バウンド後に相手を下げるようなショットを打ちましょう。

森井先生のワンポイントアドバイス

81

ストロークの基本練習法	難易度 ★★★★★

狭いスペースを
ねらって打つ

Menu **037** コントロールをつける⑦

時間	2～5分(両サイド)
習得できる技能	▶ フットワーク ▶ ラケットワーク ▶ コントロール（コース） ▶ コントロール（回転量および距離）

①アレーからはみ出さないようにストレートボールを打ち合う

▼やり方　アレー以外は「アウト」の前提でストレートラリーを行う。
　　　　　4人がコートに入ってローテーションしながら右サイド、左サイドともかならず行うように

▲4人がコートに入ってストレートで打ち合う

[アレー限定で10往復できれば完璧]

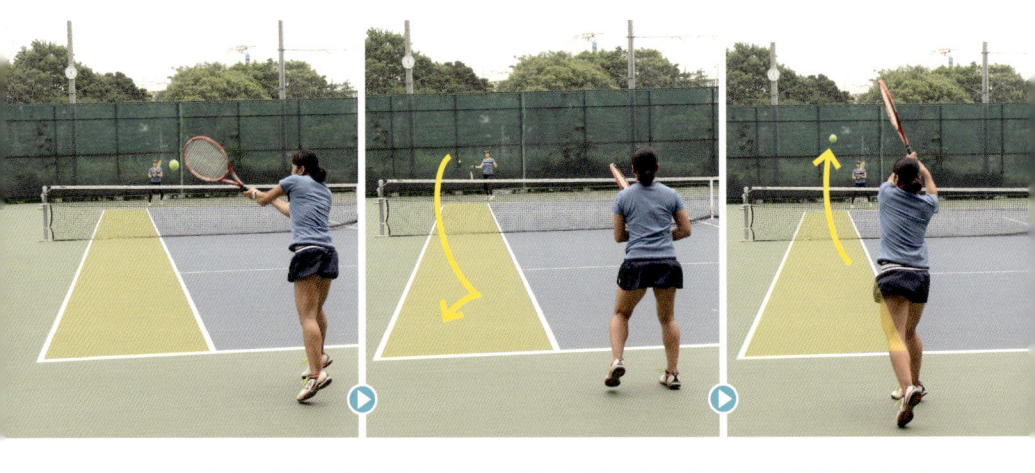

82

[クロスコートのアレー限定ラリーにも挑戦しよう]

◀レベルが高い生徒同士なら

◀クロスのこのスペースをねらった打ち合いもアリ

ポイント ストロークを習得する手順は「入れる」→「コントロールする」→「スピードを出す」の順番

初心者がストロークをマスターするときは「とにかく最初は思い切り打って」と指導されることもあるが、早くうまくなるのは、基本を踏まえた上での「入れる」→「コントロールする」→「スピードを出す」の手順といえる。「どうやったらコートに入れることができるのか？」……この部分が大切。試行錯誤しながらとにかく相手コートに返すようにしよう！

練習の 目的 → 効果

森井先生のワンポイントアドバイス

　このアレー限定のメニューもダブルスで使うボールの精度を高めることを目的としています。
　ダブルスでは、真っすぐにボールをつなぐ状況はあり得ません。なぜなら、そこには前衛が立っているからです。ストレートにボールを打つのは勝負の場面。厳しいボールが必要です。①のアレー限定のストローク練習を行うことで、ストレートボールの精度を高めましょう。この練習は、左右に動くことはないので、準備する時間はたっぷりあります。フォアとバックで交互に打って、どちらでもストレートに打てるように頑張りましょう。また、レベルが高い生徒同士なら、クロスコートでアレー限定のラリーにも挑戦してください。

ストロークの基本練習法

強烈なストロークを打つための練習法

難易度 ★★★★
回数 10球×2セット

習得できる技能
- フットワーク
- ラケットワーク
- コントロール（スピード）
- コントロール（回転量および距離）

Menu **038** 強いボールを打つ①

①手出しのボールをしっかりとしたスイングで叩く

▼やり方　写真の位置からボールを弾ませるような球出しを行い、高い打点でフォアとバックを打つ

［フォアハンドでボールを叩く］

🔴 ポイント　下半身の使い方

ボールを強く叩こうとすると手打ちになりがち。しかし、手打ちでは良いボールは打てない。しっかりしたボールを打つためには下半身の使い方が最大のポイントだ。うまく打てない生徒がいた場合は、テイクバックの形を示してあげよう。軸足の股関節を締めながら体重を乗せて、高い位置にラケットを引くように指導しよう

ここにぐっと体重を乗せる

[バックハンドでボールを叩く]

ポイント 武器にしよう

両手打ちのバックハンドなら、短いボールは一発で決められるようにしたいもの。上の写真のように、大きく踏み込みながら高い打点でボールを叩けるように練習しよう

練習の 目的 → 効果

森井先生のワンポイントアドバイス

　ここから紹介するのは、ボールを強く叩くための練習法です。いきなりこのメニューに入ってもうまくいかないので、ここまでに紹介した基本ができている生徒に取り入れてください。
　①でポイントとなるのは、ボールを高く弾ませる球出しです。いちばん力が入る胸の高さで打たせるようにしましょう。フォア、バック交互に打たせる方法もありますが、最初の段階では、フォアならフォア、バックならバックを連続で打たせて、見つけた欠点を修正していきましょう。
　コーチが見るべき点は、下半身を使えているか、手打ちになっていないかという点です。下半身を使ったスイングで、ボールをしっかりと叩けばOKです。

ストロークの基本練習法

自分の力がいちばん入る場所を探す

Menu **039** 強いボールを打つ②

難易度 ★★★
回数 ①② 各2〜4分

習得できる技能 ▶ ラケットワーク

①ラケット面で押して力が入るポイントをチェック

▼やり方

写真のようにラケット面で相手のラケットを押して、いちばん力が入る打点を探す

OK ここがいちばん力が入る

NG ここだと力が入らない

OK 高い打点だったらここ

NG ここだと力が入らない

NG ここだと力が抜けている

②テイクバックしたときのラケットの位置をチェック

▼やり方　写真のように生徒の後ろに立ってテイクバックしたときのラケットヘッドの位置を確認する

高い位置に準備する

ヘッドが落ちると下から上のスイングになる

練習の 目的 → 効果

森井先生のワンポイントアドバイス

　強いボールを打つ最大のポイントは、いちばん力の入る打点でボールを捉えることです。スイングと打点がマッチすれば「厚い当たり」のストロークが打てます。
　①は力の入る打点の探し方です。このような方法で最適の打点を探してください。ただし、注意しなければいけないのは、いちばん力の入る打点はグリップによって変わってくるということです。写真で紹介しているのは、あくまでこの生徒にとって最適の打点ということ。まずは自分なりの打点を探してください。
　②は強いボールを打つときのテイクバックについての説明です。強いボール（スピードボール）を打つときは、回転を抑えてフラット系のボールを打ちたいところ。このときにポイントとなるのが、高い位置にラケットを準備するテイクバックです。テイクバックの位置が低くなると、下から上のスイングになってスピンの要素が強くなります。コーチはそうしたメカニズムも生徒に伝えるようにしましょう。

ストロークの基本練習法

球出しのボールを思い切り叩いてハードヒットに慣れる

ねらい

難易度 ★★★☆☆

回数 ①②各2球×10セット

習得できる技能
▶ フットワーク
▶ ラケットワーク
▶ コントロール（コース）
▶ コントロール（スピード）
▶ コントロール（回転量および距離）
▶ ポジション

Menu **040** 強いボールを打つ③

①チャンスボールをクロスと逆クロスに強く叩く

▼やり方　球出しはサービスラインとベースラインの間から。
　　　　　ゆっくり弾む浅いボールをクロスと逆クロスに打つ

◀ 1球目のボールをクロスに打ったらベースラインまで戻って

◀ 2球目は逆クロスに打つ

[バックハンドでも同じように行う]

88

②V字球出しのボールを強く叩く

▼やり方　球出しはサービスラインとベースラインの間から。
1球目と2球目をV字に出してフォアとバックで強打する

▲1球目はフォア側に出たボールを強打。
センターに戻って、
2球目にバック側に出たボールを強打

▲2球目は回り込みのフォアでもOK

🟠ポイント

シングルスコートを3分割に

この練習もターゲットをしっかりと設定して行う。コートを3分割にするのが目安。両サイドのスペースにしっかり叩くように

▲シングルスラインから
ラケット3本分のところにマーカーを敷く

練習の 目的 ➡ 効果

ネットを挟んで球出しするときは、浅い場所に弾むチャンスボールを出します。生徒はそのボールを何度も打って強打するコツを学んでいきます。
　もっとも単純なメニューが①です。1球目の球出しはクロスに、2球目の球出しは逆クロスに打ちましょう。②は少し動きを入れた状況で強打する練習です。この場合は、1球目のフォアを打ったら、センターに戻って2球目を打ちにいくので、生徒の動きはV字になります。
　単純な球出し練習なので、生徒はボールを叩くことに意識が向きがちです。ポイント欄で紹介したように、しっかりターゲットを設定することで打つコースも考えさせましょう。

森井先生の ワンポイントアドバイス

ストロークの基本練習法

ライブボールを打って
ハードヒットに慣れる

Menu **041** 強いボールを打つ④

難易度 ★★★★
時間 ①② 各1人側 2〜5分×人数

習得できる技能
▶ フットワーク
▶ ラケットワーク
▶ コントロール（コース）
▶ コントロール（スピード）
▶ コントロール（回転量および距離）
▶ ポジション

① 1（コート半面）対2（コート全面）で打ち合う

▼やり方　1人側はシングルコート半面、2人側はダブルスコートで、強打対つなぎのラリーを行う

◀1人側はクロスとストレートに打ち分ける

◀コート半面ですべてのボールを強打する。アドサイドも同じように行う

つなぎ側は浅いボールを供給

深いボールを打つと練習の主旨が違ってくるので2人側はやさしいボールを返すように

② 1（3分割コート）対2（コート全面）で打ち合う

▼やり方　1人側は3分割したコートの真ん中からクロスと逆クロスに強打。
　　　　　　2人側はできる限り真ん中にボールを返す

▲コートのセンターに返球スペースを設定。1対2で打ち合う

🎾 ポイント

チャンスボールがきたら攻める

上の写真のようにコートを3分割すると、相手が打ってくるボールは基本的にチャンスボールになる。ベースラインよりも内側に入って打てるときは両サイドをねらって積極的に攻めていこう！

練習の 目的 ➡ 効果

森井先生のワンポイントアドバイス

　ここでは生徒同士で行うメニューを紹介します。ボールを強く叩く練習を1対1で行うとラリーが続きません。というよりも、強打はウィナーを目的としたショットなので、1対1でつないでいては意味がありません。
　そこで有効なのが、1対2の練習です。もちろん強打するのは1人側。相手は2人なので強打してもラリーが実現します。①がもっともポピュラーなドリルです。1人側はクロスとストレートに強打を打ち分けましょう。②にアレンジすると、クロスと逆クロスに強打する状況をつくることができます。
　すべてのボールを強打する1人側はかなりハードな練習になるので、4人で行う場合は、終わったら球出しのポジションに回って息を整えましょう。

ストロークの基本練習法

打つボールのコースを変えて展開力を高める

難易度 ★★★★
回数 3球×5セット

習得できる技能
▶ フットワーク
▶ ラケットワーク
▶ コントロール（コース）
▶ コントロール（回転量および距離）

Menu **042** ボールのコースを変える①

①球出しでクロス→クロス→ストレート

▼やり方　写真の位置から球出し。生徒は1球目をクロスのロングボール、2球目はクロスのアングル、3球目はストレートに打ち分ける

［1球目はクロスに深いボール］

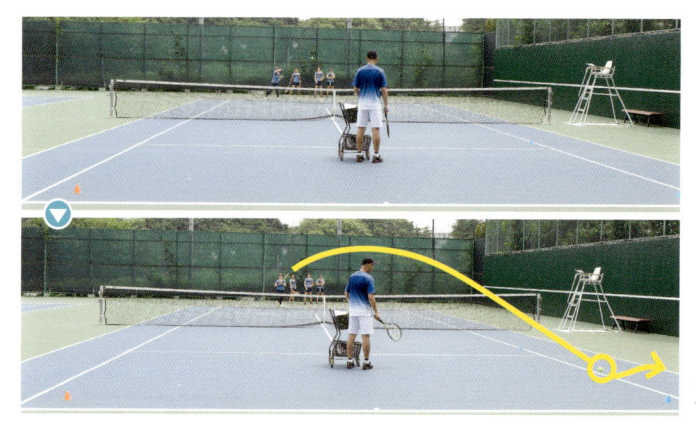

◀1球目のボールを確認して2球目を出す

［2球目はクロスに角度をつけて］

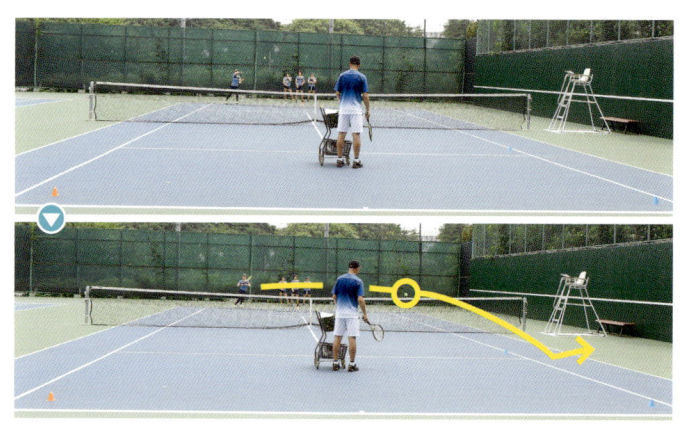

◀2球目のアングルショットを確認して3球目を出す

[3球目はストレート]

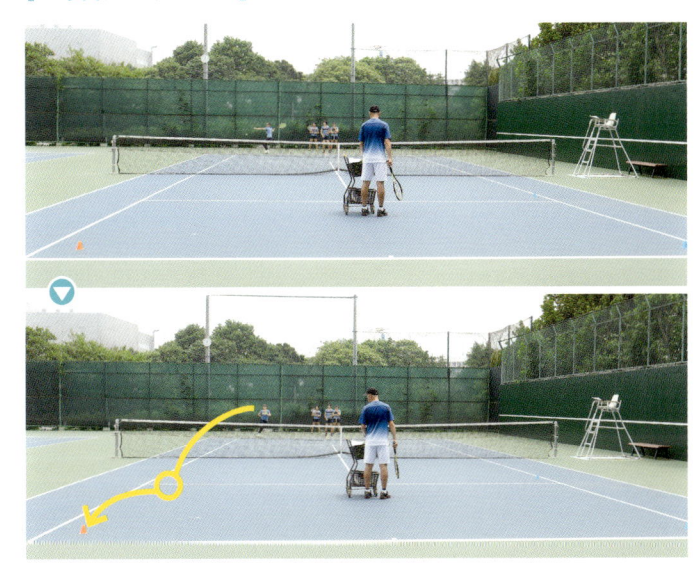

◀もっとも大切なのはストレートに展開する3球目。精度良く打てているかチェックする

[アドサイドでバックハンドも行う]

◀3球目はフォアに回り込んでもOK

練習の 目的 → 効果

森井先生のワンポイントアドバイス

ここからのストローク練習は、実戦を想定したもので、どんなレベルの生徒でも行ってほしいものです。とくにこのMenu 42は大切な内容を含んでいるので普段の練習にぜひ取り入れてください。

シングルスのストローク戦でベースとなるのはクロスの打ち合いです。その打ち合いの中からチャンスをつくってストレートに展開するのが上級者といえます。

①のドリルでは、1球目をクロスの深いボール、2球目はショートクロスと打ち分けていますが、ここは順番が逆になってもOK。クロスのボールを使って相手をコートの左側に釘付けにして、オープンスペースとなったコートの右側にストレートのボールでウィナーを取るのがねらいです。

ストロークの基本練習法

ライブボールを打って展開力を高める

Menu **043** ボールのコースを変える②

難易度 ★★★★
時間 1人側 2〜5分×人数

習得できる技能
▶ フットワーク
▶ ラケットワーク
▶ コントロール（コース）
▶ コントロール（回転量および距離）

① 1対2で1人側がクロスボールから展開する

▼やり方

1対2のラリーで1人側はクロス→クロス→ストレート。2人側はすべてクロスに打つ

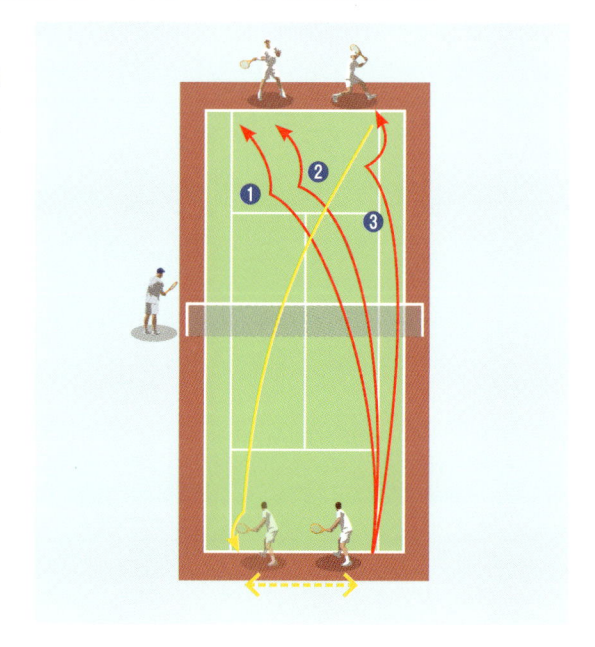

練習の 目的 → 効果

このメニューはライブボールを使って、クロスボールから展開する練習法です。

この1対2のドリルは、1人側が2球クロスに打ったら、3球目はかならずストレートにコースを変えるという約束事のもとに行います。

前ページのMenu42では、3球目のストレートを打ったらそこで終わりでし

森井先生の ワンポイントアドバイス

たが、このドリルでは、3球目を相手がクロスに返してくるので、必然的に逆サイドでのパターンとなります。そこからはまた同じように2球クロスに打って3球目にストレートへ展開です。この1対2のラリーがずっと続くようなら、かなりストローク力があるといえます。

◀球出しのボールを1球目はクロスに

◀相手がクロスに返してきたボールを

◀2球目もクロスに返球

◀3球目のストレートのボールは相手がクロスに返してくるので、今度はそこからアドサイドで同じ展開に持ち込む

ストロークの基本練習法

バタフライラリーで展開力を高める

ねらい

難易度	★★★★
時間	1人側 1～3分（両方）

習得できる技能
▶ フットワーク
▶ ラケットワーク
▶ コントロール（コース）
▶ コントロール（回転量および距離）

Menu **044** ボールのコースを変える③

① 1対1のラリーで片方はすべてクロス、もう片方はすべてストレートに打つ

▼やり方

球出しのボールを手前の生徒はクロス限定。相手はストレート限定でラリーする

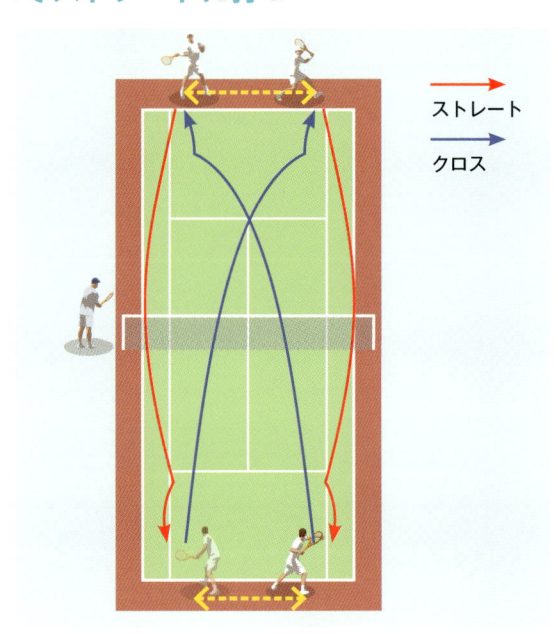

→ ストレート
→ クロス

練習の 目的 → 効果

森井先生のワンポイントアドバイス

　ストロークで大切なテクニックは、「打つボールのコースを変える」ということです。ストロークでもっとも簡単なのは、打ってきた相手の方向に返すボールです。クロス対クロス、ストレート対ストレートのラリーが続くのはそのためです。
　しかし、実戦になると、同じコースに打っていては攻撃になりません。相手を追い込んでいくためには、コースを変えてオープンスペースをつくっていかなければいけません。
　そのための練習がこのメニューです。クロス限定、ストレート限定の打ち合いで、お互いにミスが出なければ、ボールは図のように回り続けることになります。これがバタフライラリーと呼ばれるものです。

[球出しのボールをクロスに返球]

◀球出しのボールを

◀コートの右サイドからクロスに

[ストレートに打ってきた相手のボールをクロスに]

◀ストレートに打ってきたボールを

◀コートの左サイドからクロスに

ストロークの基本練習法

有利な状況から攻めを促進する

ねらい

難易度	★★★★☆
時間	①② 各5〜10分

習得できる技能
▶ フットワーク
▶ ラケットワーク
▶ コントロール（コース）
▶ コントロール（スピード）
▶ コントロール（回転量および距離）
▶ ポジション

Menu **045** 球出しからのポイント練習①

①センターからオープンスペースにボールを出してフリーポイントを行う

▼やり方　相手がシングルスの右サイドラインに立ち、センターからボールを出してポイントを開始する

ここからスタート

▶センターからオープンコートに球出ししてスタート

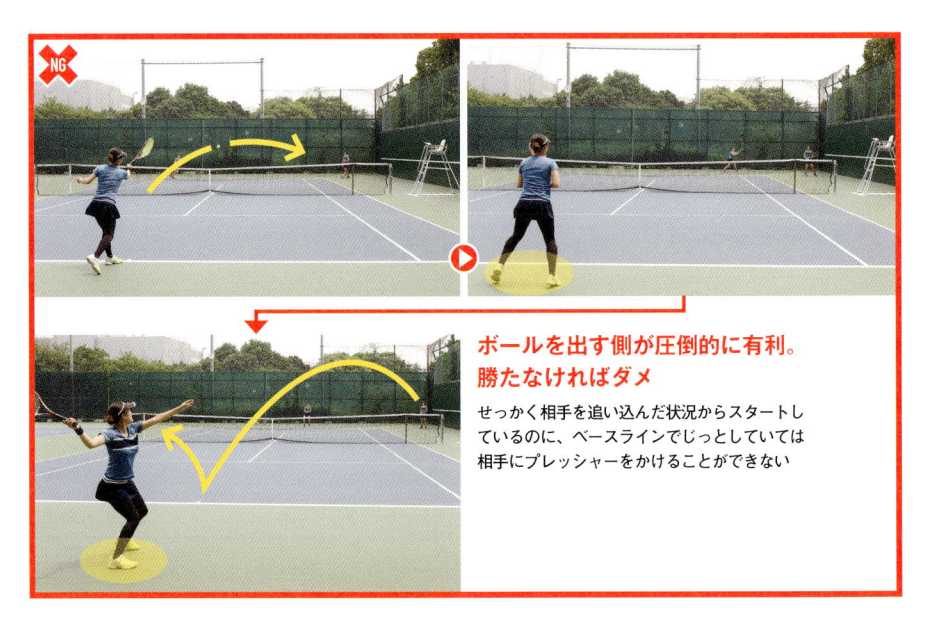

NG

ボールを出す側が圧倒的に有利。勝たなければダメ

せっかく相手を追い込んだ状況からスタートしているのに、ベースラインでじっとしていては相手にプレッシャーをかけることができない

98

②サイドラインからボールを出してフリーポイントを行う

▼ やり方　相手がシングルスの左サイドラインに立ち、
　　　　　もう片方が相手と同じ側のサイドラインからボールを出してポイントを開始する

ここからスタート

▶このポジションからオープンコートに球出ししてスタート

◀ポジションをセンターに戻して

◀早いタイミングで攻める

練習の 目的 → 効果

森井先生のワンポイントアドバイス

　ここから紹介するハンディキャップをつけたポイント練習はさまざまなパターンがあり、Menu 45〜49 はその一部にすぎません。ポイントは、攻撃側（ボールを出す側）と守備側（ボールを受ける側）両方の練習になるということです。Menu 45 は、オープンコートにボールを打った状況を想定しています。
　①はセンターからオープンスペースに展開した状況。②はコートの左サイドからオープンスペースに展開した状況です。ボールを出した側が圧倒的に有利なところからのスタートなので攻め切る姿勢が必要です。攻めの姿勢がないとNG例のように逃げのロブでイーブン状態に戻されてしまいます。気をつけましょう。

ストロークの基本練習法

有利な状況からの攻めを促進する

ねらい

Menu **046** 球出しからのポイント練習②

難易度	★★★★★
時間	①② 各5~10分

習得できる技能
▶ フットワーク
▶ ラケットワーク
▶ コントロール（コース）
▶ コントロール（スピード）
▶ コントロール（回転量および距離）
▶ ポジション

①ストレートに展開したパターンからフリーポイントを行う

▼やり方　片方がシングルスのサイドラインに立ち、
　　　　　もう片方が反対サイドのシングルスラインに立って、
　　　　　ストレートのボールをオープンスペースに出してポイントを開始する

ここからスタート

▶このポジションからストレートに球出ししてスタート

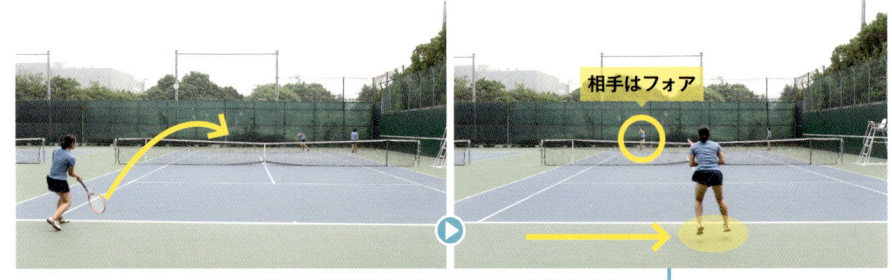

相手はフォア

◀アドサイドからスタートする場合は、相手がフォアハンドの対応になるので注意すること

②コートを3分割して左右に展開したところから
フリーポイントを行う

▼やり方　シングルスのサイドラインからラケット2本分の位置にマーカーを置き、
お互いにその内側でラリーを行い、
どちらかがスペース外に打ったところから全面でフリーポイントを開始する

◀最初はこのスペース内でのラリー

◀一方がサイドのスペースに打ったら

◀シングルスコート全面でフリーポイント

練習の 目的→効果

攻撃側（ボールを出す側）は、相手が追いつくようにオープンコートにボールを出すのが基本ですが、スタートするときの球出しは、トップスピンを強くかけたロブにしたり、スライスをかけた短いボールにするなどさまざまなアレンジが考えられます。仕掛けるボールによって、その後の攻め方やポジショニングが変わってきます。そういった戦術的なことを学べるのもこのドリルのメリットです。

①はMenu 42で練習したクロス→クロス→ストレートの展開で、最初の2本を省いたところからのスタートと思ってください。また②は基本的にハンディキャップなしのドリルですが、展開する側を決めておけば、仕掛け側と対応側に分けた練習となります。

森井先生の ワンポイントアドバイス

ストロークの基本練習法

先手を奪われたときの守りを強化する

Menu **047** ストロークからのポイント練習

難易度 ★★★★★
時間 ①② 各5〜10分

習得できる技能
- フットワーク
- ラケットワーク
- コントロール（コース）
- コントロール（スピード）
- コントロール（回転量および距離）
- ポジション

①半面のクロスラリーからストレートに展開されたところからフリーポイントを行う

▼やり方　お互いに半面のクロスラリーからスタートし、相手がストレートに打ったら、そこからコート全面でポイントを開始する

[相手にストレートに展開された状況からの戦い方をシミュレーション]

▲クロスコートのラリーから　　　▲相手がストレートに

▲展開してきたところ　　　　　　▲フリーポイント

練習の 目的 → 効果

ここで紹介しているメニューは、相手に先手を取られた状況を想定したポイント練習です。相手が先に展開する約束事にしたり、球出しのボールを中ロブにすることで、簡単に守備側の状況をつくることができます。
　①はクロスのラリーから相手がストレートに展開するパターンです。ポイ

森井先生のワンポイントアドバイス

ントとなるショットはサイドに走りながら打つバックハンド。カウンターをねらうのか、中ロブで逃げるのか、実戦の中で勘を養いましょう。②は中ロブの球出しを相手が落として打ってくるパターンと、ノーバウンドで打ってくるパターンをシミュレーションしています。

②中ロブを相手が返球したところから全面でフリーポイントを行う

▼やり方 センターから中ロブの球出し。
相手が返球したところからコート全面でポイントを開始する

[中ロブを相手が打ってきた状況をシミュレーション]

◀中ロブで球出し

◀相手が強打してきた状況から

◀フリーポイント

ポイント　ボレーカットありのパターン

中ロブの球出しをスイングボレーでカットしてネットを取る状況もシミュレーションする

▲中ロブで球出し　　▲相手がボレーカットしてきた状況から　▲フリーポイント

ストロークの基本練習法

デッドゾーンをつくって攻めを促進する

ねらい

Menu **048** ハンディキャップをつけたポイント練習

難易度 ★★★★★
時間 5〜10分

習得できる技能
▶ フットワーク
▶ ラケットワーク
▶ コントロール（コース）
▶ コントロール（スピード）
▶ コントロール（回転量および距離）
▶ ポジション

①コート3/4面対1面でフリーポイントを行う

▼やり方　片方のコートをシングルサイドラインとセンターラインの間にマーカーでラインを引き、3/4面対1面でポイントを行う

［フォアハンド中心の攻め］

コートの左側1/4をデッドゾーンにするとフォアを中心とした攻め方となる

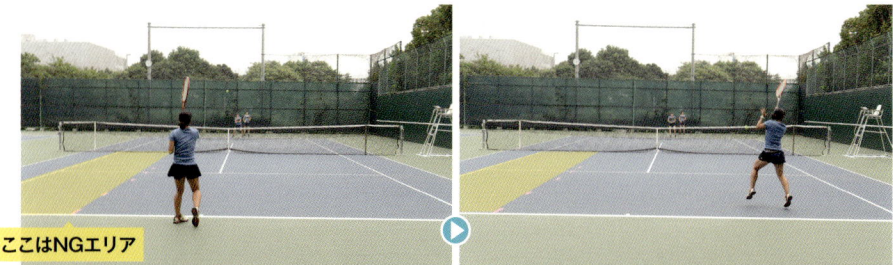

ここはNGエリア

▲球出しはセンターから　　▲フォアでクロスに

▲チャンスボールがきたら　　▲フォアでストレートに

🔴 **ポイント** レベルの差があってもできる

打ってはいけないエリア（デッドゾーン）を設定することでレベルの差がある生徒同士でも効率的な練習ができる

104

[バックハンド中心の攻め]

コートの右側1/4をデッドゾーンにするとバックを中心とした攻め方となる

▲相手のバック側に配球して

▲攻めのチャンスを探る

● ポイント　デッドゾーン

ここではシングルスを想定してコートの1/4をデッドゾーンに設定しているが、ダブルスでの応用としては、一方はシングルコート、一方はダブルスコートというようなデッドゾーンの設定も考えられる

ここはNGエリア

コートの1/4をデットゾーンに設定

練習の 目的 → 効果

打ってはいけないエリア（デッドゾーン）を設定したポイント練習も、ぜひ取り入れてもらいたいメニューです。こうすると最初からハンディキャップがあるので、有利な側は「攻め」、不利な側は「守り」を強化することができます。ここまでのメニューでもたびたび「マーカー」を利用していますが、「コーン」よりも利便性が高いので、練習環境に備えるようにしてください。
　デッドゾーンの設定は、生徒のレベ

森井先生の ワンポイントアドバイス

ルによって工夫してください。①のようにコート3/4面対1面の設定にすると、1面を守る生徒はかなり苦しい戦いとなります。日体大では、1面側は6球返球すれば「勝ち」という条件をつけています。また、高校などの練習では、1面側にレベルが高い生徒、3/4面側にレベルが落ちる生徒を配置すると、レベルの差があっても効率的な練習ができます。

ストロークの基本練習法

有利な状況からの攻めを促進する

ねらい

Menu 049 攻撃ロブからのポイント練習

難易度	★★★★☆
時間	5〜10分

習得できる技能
- フットワーク
- ラケットワーク
- コントロール（コース）
- コントロール（スピード）
- コントロール（回転量および距離）
- ポジション

①ロブの球出しで相手の頭を越したところからフリーポイント

▼やり方 ネット前に立つ相手に対してロブの球出し。
相手が背走してロブを追うところからポイントを行う

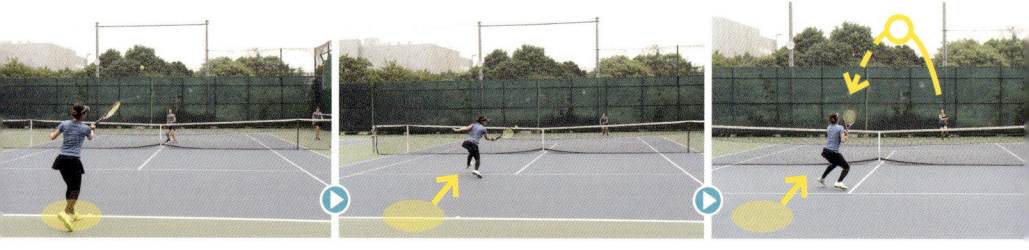

▲相手の頭上にロブを上げたら　　▲ネットポジションを取って、ボレーやスマッシュで仕留める

NG　チャンスで前に出ない

▲相手が背走しているのにベースラインの後ろで構えて
▲相手の返す中ロブを待っているのはNG
▲こうなったらもうイーブン状態。せっかくつくった有利な状況を活かせていない

練習の 目的 → 効果

森井先生のワンポイントアドバイス

ダブルスでもストロークが得意なプレイヤー（逆にボレーが苦手なプレイヤー）は、ネットに出ることを躊躇してしまいます。そんな生徒のためのポイント練習がこのメニューです。

ロブで前衛の頭を抜いた状況をシミュレーションしたのが①のドリルです。ロブを上げた生徒は、かならずネットに出て、ボレーやスマッシュで仕留めることを考えましょう。また、背走した生徒は、守りのロブをしっかり上げて一本で決められないようにしましょう。このドリルでベースラインにステイするのはNG。これでは練習の意味がありません。

第4章

ボレーの基本練習

この章では、ボレーを上達させる具体的な練習法を紹介していく。
紹介しているのは、実戦を想定したドリル中心。
ボレー単体の技術向上だけでなく、シングルス、ダブルスの実戦で使える
メニューを取り揃えているので、ぜひ普段の練習に取り入れてほしい。

ボレーの基本練習	難易度 ★★★☆☆
	回数 2球×10セット

打つ場所とボールのスピードを変えながら基本ボレーを習得する

Menu **050** 球出しからの基本ボレー練習

習得できる技能
- フットワーク
- ▶ ラケットワーク
- ▶ コントロール(コース)
- コントロール(スピード)
- コントロール(回転量および軌跡)
- ポジション

①緩い球出しをボレーする

▼やり方 サービスラインの少し前からゆっくりのボールを球出し。
ネット前に2列で並んだ生徒はフォアボレー、バックボレーを打つ

ネットから一歩下がったポジションで、一球一球ていねいにフォアボレーとバックボレーを打つ

②速い球出しをボレーする

▼やり方　サービスラインの少し後ろから速いボールを球出し。
2列で並んだ生徒は大振りせずていねいに合わせる

①のポジションより一歩下がったところから、速いボールに合わせて

練習の 目的 → 効果

森井先生のワンポイントアドバイス

　このパートからはボレーの練習法を紹介していきます。まず最初は、球出しによる基本的なメニューです。
　ボレーで身につけたいのは、どんなボールにも対応するテクニックです。①は近い距離からゆっくりのボールにフォアとバックで打つ練習です。生徒が簡単に対応できるようなら、ボールのスピードを上げた球出しに移行しても構いません。
　①の練習の次に行いたいのは、距離を少し取って、速いボールを打ち返す②の練習です。ネットまでの距離があって、速いボールに対応するためには、「2ステップボレー」が必要不可欠なテクニックとなります。このステップは次ページで紹介することにします。

ボレーの基本練習

ボレーの基本ステップを習得

Menu **051** 2ステップボレー

難易度 ★★★★★
時間 2〜4分

習得できる技能
▶ フットワーク
▶ ラケットワーク
▶ コントロール(コース)
▶ コントロール(スピード)
▶ コントロール(回転量および距離)
▶ ポジション

① 2ステップボレーでコートをカバーしよう

▼やり方　生徒をダブルス前衛のポジションに構えさせて、フォア側とバック側に2ステップ踏ませて、守備範囲を確認する

[定位置に構えたところから]

練習の 目的 → 効果

ボレーをするときにフットワークが伴っていないと手打ちなどの悪いクセがついてしまいます。前ページのMenu 50で、ボレーがうまくいかない生徒がいた場合は、基本となる「2ステップ」をかならず指導しましょう。
フォアボレーでも、バックボレーでも、「軸足」→「踏み込み足」の2つ

森井先生の ワンポイントアドバイス

のステップを入れるのがボレーの基本です。写真のように、2ステップを入れれば、サービスボックスの範囲は簡単にカバーできます。Menu 50では、生徒の定位置に球出ししていますが、同じポジションから左右に振るような球出しを行って、2ステップを意識させる練習もかならず行ってください。

［フォア側に2ステップ］

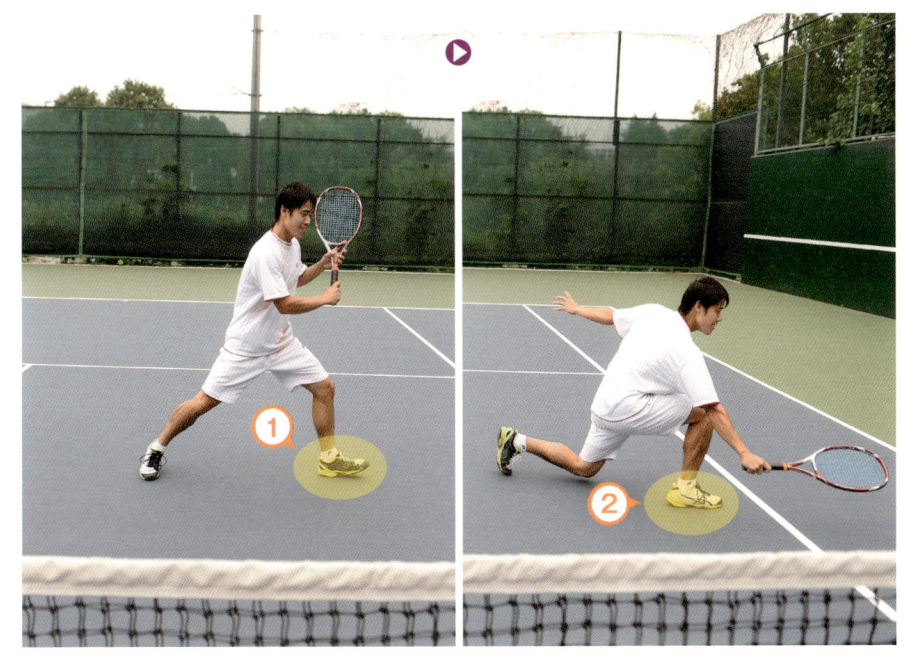

［バック側に2ステップ］

ボールとラケットに慣れる練習法

ストロークのベースを身につける基本練習

ストロークの基本練習法

ボレーの基本練習

サーブとスマッシュの練習

111

ボレーの基本練習

ライブボールにボレーで対応する

ねらい

Menu 052 実戦を想定したボレー練習

難易度 ★★★★★
回数 ①②各10球×2セット

習得できる技能
▶ フットワーク
▶ ラケットワーク
▶ コントロール（コース）
▶ コントロール（スピード）
▶ コントロール（回転量および高度）
▶ ポジション

①クロスからきたボールをストレートに流す

▼やり方　デュースサイドのベースラインに立った生徒に手出しでボールを落とし、クロスに打ったボールをネットに立った生徒がストレートに流して決める

ボレーヤーが打つコースはストレート

●ポイント

ストローク側は簡単にボレーをさせない

ストローク側にすれば、簡単にボレーをさせないのもテーマのひとつ。「ボディねらい」のアタックもミックスして打とう

②ストレートからきたボールをクロスに決める

▼やり方

デュースサイドのベースラインに立った生徒に手出しでボールを落とし、ストレートに打ったボールをネットに立った生徒がクロスに決める

ボレーヤーが打つコースはクロス

練習の 目的 → 効果

森井先生のワンポイントアドバイス

　ある程度レベルが上の生徒なら、単純な球出し練習ではなく、一方に手出しのボールを打たせて、ライブボールをボレーさせる練習も考えられます。
　①はクロスからのボールをストレートに流して決める練習ですが、ボレーヤーのポジションをもっと下げれば、ファーストボレーの練習になります。

　また②はストレートを抜くボールを止める練習ですが、ポイント欄で紹介しているように「ストレートアタックもOK」という設定にすれば、ダブルスの実戦を想定した前衛の練習となります。写真では紹介していませんが、かならず逆サイドの練習も行いましょう。

ボレーの基本練習

ダブルス前衛に大切なボレーテクニックをシミュレーションする

ねらい

Menu **053** 前衛の決めボレー練習

難易度	★★★★☆
回数	4球×5セット

習得できる技能
- ▶ フットワーク
- ▶ ラケットワーク
- ▶ コントロール(コース)
- ▶ コントロール(スピード)
- ▶ コントロール(回転量および距離)
- ▶ ポジション

① アングル→センター→ドロップボレー→逆クロスの4ショットを1セットで行う

▼やり方　球出しは写真のポジションから。4球連続で出すボールを生徒はターゲットをねらって打つ

▲1球目はアングルに　　　　　　　　　　　　　▲2球目はセンターに

▲3球目はドロップボレー　　　　　　　　　　　▲4球目は逆クロスに

★逆サイドでバックボレーも行う

Arrange
ランダムに順番を変える

ここでは①「アングル」②「センター」③「ドロップ」④「逆クロス」の順に4連続でボレーを行っているが、試合で臨機応変に対応できるように、順番をランダムに変えてやってみよう。

ポイント
苦手をなくす

「アングル」「センター」「ドロップ」「逆クロス」と4コースをまんべんなく練習して苦手をなくそう

練習の 目的 → 効果

これはダブルス前衛用の球出し練習です。実戦を想定すると、前衛ボレーの決めコースは大きく分けて左で紹介した4コースがあります。得手、不得手なく、しっかり決められるように球出しで練習しましょう。

このメニューの設定では、「アングル」→「センター」→「ドロップ」→

森井先生のワンポイントアドバイス

「逆クロス」の順で行っていますが、この順番は随時変更してもOKです。この4コースの練習を行うと、生徒がうまく決まらないコースがはっきりわかります。その場合は、苦手なボレーを単体練習にして矯正していきましょう。

ボレーの基本練習

球出しからポーチをシミュレーションする

難易度 ★★★★☆
回数 2球×10セット

習得できる技能
▶ フットワーク
▶ ラケットワーク
▶ コントロール（コース）
▶ コントロール（スピード）
▶ コントロール（回転量および距離）
▶ ポジション

Menu **054** 球出しからのポーチ練習

① 2球1セットでポーチの練習を行う

▼やり方　一本ストレートにボレーを返してから、次のクロスボールでポーチに出る

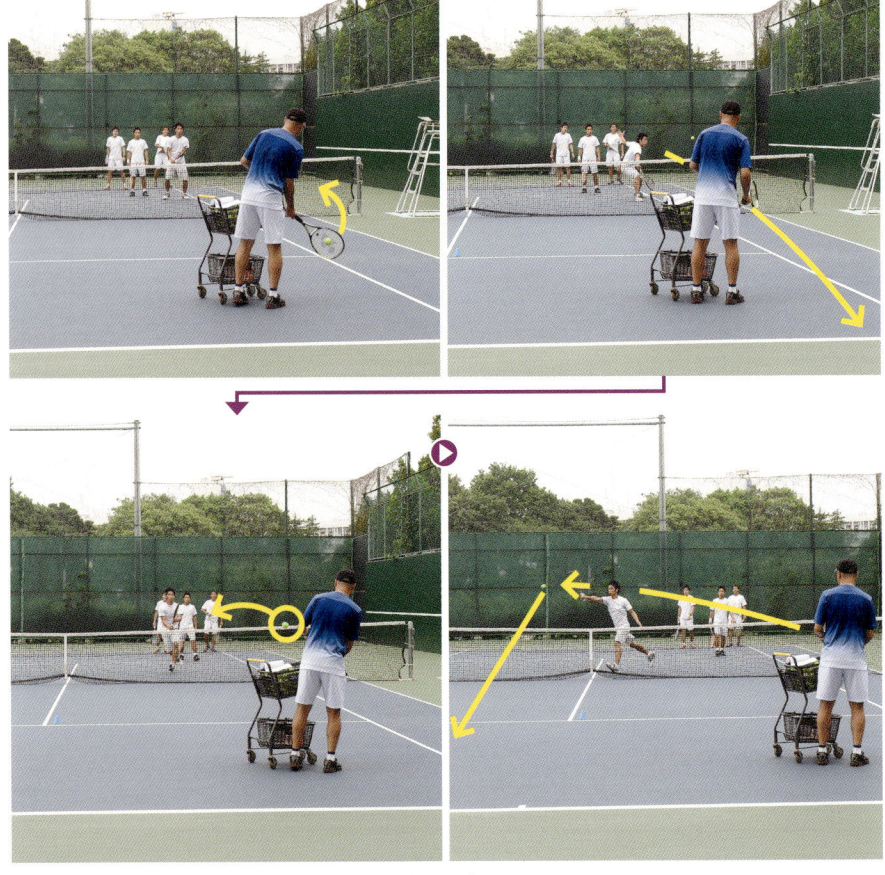

▲1球目をバックボレーでつないでから2球目をフォアボレーでポーチ

▲1球目をフォアボレーでつないでから2球目をバックボレーでポーチ

練習の 目的 ➡ 効果

森井先生のワンポイントアドバイス

ダブルスで前衛最大の攻撃となるのが「ポーチ」です。ポーチの単純な練習としては、クロスからの球出しに飛び出す、というものがありますが、それよりも実戦的で効果が高いのが2球を1セットにしたポーチ練習です。

写真のように、1球目を受けてから、2球目で飛び出すのがポイントです。実戦でよく見受けられるのは、1球目のストレートボールを深くに返された相手が、2球目をクロスに打ってくるパターンです。この練習はその状況をシミュレーションしています。また、2球1セットにすることで、前衛は打ち放しにならないので、ポーチに出るときのネットの動きが鍛えられます。

テクニックとして重要なのは、相手の足元に叩き込む逆クロスのボレーです。生徒の中にはバックハンドの逆クロスを苦手としている場合もあるので、そんな生徒がいたら単体練習で強化していきましょう。

117

ボレーの基本練習

つないでから決めるボレーをシミュレーションする

Menu 055 ファーストボレーからセカンドボレー

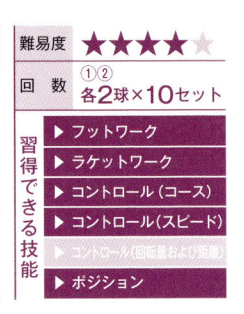

難易度	★★★★☆
回数	①② 各2球×10セット

習得できる技能
▶ フットワーク
▶ ラケットワーク
▶ コントロール（コース）
▶ コントロール（スピード）
▶ コントロール（回転量および距離）
▶ ポジション

①サービスライン付近でフォアのローボレー→ネットに詰めてバックのハイボレー

▼やり方

写真のポジションから球出し。1球目はフォアのローボレーをさせて、スプリットステップして構えたら2球目のチャンスボールを出す

スプリットステップ

フォアのローボレー＋バックのハイボレー

②サービスライン付近でバックのローボレー→
ネットに詰めてフォアのハイボレー

▼やり方

写真のポジションから球出し。1球目はバックのローボレーをさせて、スプリットステップして構えたら、2球目を出す

スプリットステップとは!?

どこにでも動き出せるようにリズムを整えるためにする小刻みなステップ

バックのローボレー＋フォアのハイボレー

練習の 目的 → 効果

森井先生のワンポイントアドバイス

このメニューは、ファーストボレー（つなぎ）＋セカンドボレー（決め）をするときの球出し練習です。実戦では、シングルスでネットに出たときや、ダブルスでサービス＆ダッシュしたときのボレーをシミュレーションしています。

このメニューでは、1球目のつなぎボレーはストレートに流し、2球目の決めボレーは逆クロスに打たせていますが、打つコースの設定を変えれば、さまざまな状況に対応できます。

ポイントとなるのは、ファーストボレーをした後に、スプリットステップをしっかり入れてから、セカンドボレーに移行する点です。コーチは、生徒がスプリットステップを入れたタイミングで2球目を出すように気を配りましょう。

ボレーの基本練習	難易度 ★★★★★
	回数 4球×5セット

ネットポジションでの守りのボレーをシミュレーションする

ねらい

Menu 056 ネットの守りに強くなる4球連続ボレー

習得できる技能
- フットワーク
- ラケットワーク
- コントロール（コース）
- コントロール（スピード）
- コントロール（回転量および距離）
- ポジション

① フォアのローボレー→バックのハイボレー→
　バックのローボレー→フォアのハイボレー

▼やり方　写真のポジションから球出し。1球目はフォアに低いボールを出して、
　2球目のバック側にハイボール。続いて3球目はバックに低いボールを出して、
　4球目はフォア側に厳しいハイボールを出す

［フォアのローボレー］

［バックのハイボレー］

練習の 目的 → 効果

森井先生のワンポイントアドバイス

　このメニューは、ネットポジションでの守備を主体とした耐久ドリルです。ここでは4球連続のバージョンを紹介していますが、前ページのMenu 55のように、2球1セットのパターンにしてもOK。生徒のレベルを見ながら使い分けてください。

　この練習でポイントとなるのはコーチの球出しです。生徒が取れないボールを出しては意味がありません。取れるか取れないかギリギリのボールを出すことで練習の効果が上がります。とくに注目してほしいのは2球目と4球目の対応です。下がりながらのハイボレーは難しいテクニックなので、うまくできない生徒がいた場合は、単体の練習を行ってテクニックを習得させましょう。

[バックのローボレー] [スプリットステップを入れて] [フォアのハイボレー]

ポイント ギリギリのボールを出す

ボレーの基本練習

短いボールがきたらネットに出てボレーで決める連動性を身につける

ねらい

難易度 ★★★★★

回数 ①② 各2球×10セット

習得できる技能
▶ フットワーク
▶ ラケットワーク
▶ コントロール(コース)
▶ コントロール(スピード)
▶ コントロール(回転量および距離)
▶ ポジション

Menu **057** 2球連続球出しでアプローチ&ボレー練習

①デュースサイドの球出しからアプローチ&ボレー

▼やり方

写真のポジションから短いボールを球出し。生徒がバックハンドのアプローチショットを打って、スプリットステップしたタイミングで2球目を出す

▲ストレートにアプローチしてフォアボレーで決める

122

②アドサイドの球出しからアプローチ&ボレー

▼やり方 アドサイドから短いボールを球出し。生徒がバックハンドのアプローチショットを打って、スプリットステップしたタイミングで2球目を出す

▲クロスにアプローチしてフォアボレーで決める

練習の 目的 → 効果

森井先生のワンポイントアドバイス

　このメニューは、シングルスのアプローチ&ボレーをシミュレーションした球出しドリルです。これはベースラインからネットを取るときのテクニックやフットワークを学ぶことを目的としています。

　ストロークが得意な生徒は、短いボールがくるとすぐにハードヒットしてしまいがちです。ここでは「スライスを打ってネットに出る」を約束事にしてベースラインからネットへの連動性を身につけましょう。

　アプローチを打ったあとの動きでポイントとなるのは、ボールを追うようにネットに出る「フォローザボール」です。コーチは、ストレートに打ったら真っすぐに、クロスに打ったらセンターにという動きができているかチェックしながら2球目のボールを出してください。

ボレーの基本練習

ネットに出る判断を生徒に任せる

Menu 058 センターの球出しからアプローチ&ボレー練習

難易度	★★★★★
回数	①② 各2球×10セット

習得できる技能
- ▶ フットワーク
- ▶ ラケットワーク
- ▶ コントロール（コース）
- ▶ コントロール（スピード）
- ▶ コントロール（回転量および距離）
- ▶ ポジション

①バックのスライスでネットへ

[バックハンドのスライスでネットに出る]

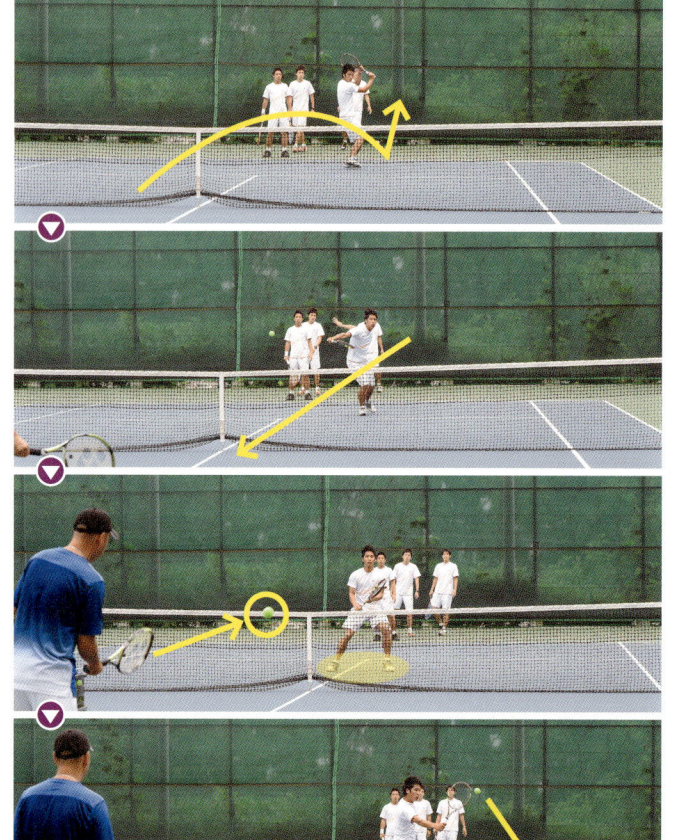

▼やり方

センターから短いボールを球出し。生徒がバックハンドのアプローチショットを打って、スプリットステップしたタイミングで2球目を出す

◀短い球出しを

◀バックのスライスでクロスに

◀スプリットステップしたタイミングで2球目を出す

◀ボレーのコースは任意でOK

②フォアで強打してネットへ

[フォアハンドで強打してネットに出る]

▼やり方

センターから短いボールを球出し。生徒がフォアハンドを強打してネットに出たタイミングで2球目を出す

◀短い球出しを

◀フォアで強打してネットへ

◀2球目は相手がロブで逃げた状況を演出

◀スマッシュでトドメを刺す

練習の 目的 → 効果

　これもシングルスのアプローチ＆ボレーをシミュレーションしたメニューです。前ページのMenu 57と違うのは、センターから球出しして、打つボールは生徒の判断に任せるという点。より実戦的な練習です。
　ネットに出るボールは、①のような純粋なアプローチショットと、②のような強打の2種類があります。どのボールでネットに出るかの判断を生徒にさせているのがこのメニューのポイントです。
　大切になるのが、コーチが出す2球目です。生徒の打った1球目のコースや威力を見ながら、実戦で返ってきそうなボールを出すと、より練習効果が上がります。

森井先生のワンポイントアドバイス

ボレーの基本練習

サービスラインより後ろの高いボールを攻撃的に打つ

ねらい

Menu 059 中ロブをスイングボレーで打つ

難易度	★★★★★
回数	1球×10セット

習得できる技能
▶ フットワーク
▶ ラケットワーク
▶ コントロール(コース)
▶ コントロール(スピード)
▶ コントロール(回転量および距離)
▶ ポジション

①フォアのスイングボレーで打つ

▼やり方　球出しは写真のポジションから。中ロブで出したボールをフォアハンドのスイングボレーで打つ

★クロスに　　　　　　　★逆クロスに

126

ポイント

両手打ちなら バックハンドの スイングボレーも 練習する

両手打ちならバックハンドのスイングボレーはぜひマスターしたいテクニック。どの打点で打てば良いのか、球出しでチェックしよう

バックでクロスに

練習の 目的 → 効果

森井先生の ワンポイントアドバイス

　甘いロブでもバウンドさせれば下がって打たなければいけません。相手の中ロブから積極的に仕掛けるのが「スイングボレー」です。スイング自体はストロークと変りませんが、ノーバウンドで打つことに慣れていないと使えないテクニックなので、球出しでしっかり練習しましょう。

　ポイントは、球出しのポジションを変えて、クロスと逆クロスに打ち分けさせることです。生徒によっては、クロスは得意だけど、逆クロスは苦手というタイプもいます。苦手なコースがあったら重点的に練習して克服しましょう。

　また、両手打ちの生徒に積極的にマスターしてほしいのが、バックハンドのスイングボレーです。写真のように深い位置からのショットだけでなく、ネットに近いポジションから一本でウィナーを取れるようなショットまで、幅広く練習しましょう。

ボレーの基本練習

ロングボレーの
テクニックを習得

Menu **060** つなぐボレーの練習

難易度 ★★★★☆
時間 ①② 各1〜3分

習得できる技能
▶ フットワーク
▶ ラケットワーク
▶ コントロール（コース）
▶ コントロール（スピード）
▶ コントロール（回転量および球質）
▶ ポジション

①サービスラインから1m 下がったところで ボレー&ボレーを行う

▼やり方　4人が写真のようなポジションに入り、ストレートだけ、クロスだけ、バタフライでロングボレーを続ける

◀ストレートで

◀クロスで

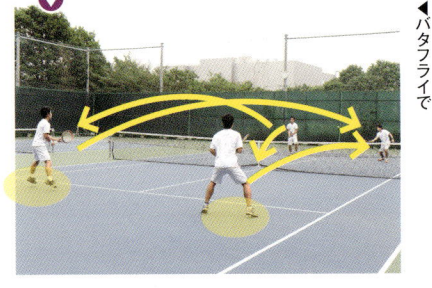

◀バタフライで

②バタフライドリルで ボレーの細かな テクニックを習得する

▼やり方　4人がサービスボックスに入り、できるだけボールを浮かさないようにバタフライでボレーをつなぐ

◀ストレートからのボレーをクロスに

◀クロスからのボレーをストレートに

◀ストレートからのボレーをクロスに

ポイント チャンスボールだったらアングルを取る

ランダムに行うときは、甘いボールがきたら、ただつなぐことを考えずに、
角度を取ったり、落としたりして攻めを考えよう

練習の 目的 → 効果

4人揃うとすぐに試合を行ってしまう傾向がありますが、4人揃ったからこそできるボレー練習もあります。ウォーミングアップ代わりでも構わないので、ここで紹介しているようなメニューを取り入れてください。

ダブルスで意外に重要なのが、長い距離を正確につなぐ「ロングボレー」です。生徒同士で練習を行う場合には、①のように、サービスラインよりも下がったところでボールをつなぐボレー＆ボレーは効果的な練習といえます。

②で紹介しているのはチョウチョ結びのようにボールをつなぐバタフライドリルです。4人でローテーションして行えば、ストレート、クロスすべてのコースを打ち分けることができ、細かなテクニックを磨くのに効果が高い練習となります。

森井先生の ワンポイントアドバイス

ボレーの基本練習

ライブボールの打ち合いでボレーのテクニックを習得

ねらい

Menu 061　2ボレー対1ストローク

難易度 ★★★★★
時間 各1人側 2〜5分×人数

習得できる技能
- ▶ フットワーク
- ▶ ラケットワーク
- ▶ コントロール（コース）
- ▶ コントロール（スピード）
- ▶ コントロール（回転量および距離）
- ▶ ポジション

①2ボレー対1ストロークでラリーを行う

▼やり方

ストローク側のコートを2分割した上で、2（ボレー）対1（ストローク）のラリーを行う

◀球出しはここから

ボレー（コート全面）対ストローク（コート半面）でラリーを行う

逆サイドの練習もかならず行うこと

🔴 ポイント　コンビネーションを確認

ストローク側がセンターを突いたときは、ボレー側はお互いの
コンビネーションを確認する。ミスが出たときはしっかりと話し合って、
コンビネーションを高めていこう

ここをどうするか？

練習の 目的 → 効果

2対1の練習はさまざまなシチュエーションに使えるポピュラーなものです。

ここで紹介しているのは、ボレー側が2人、ストローク側が1人というメニューです。一般的には、ストローク側をメインに行う練習ですが、ストローク側のコートを2分割することで、ボレー側のボールコントロールを高める練習となります。ボレー側の主目的は「受け」です。どんなボールがきても正確にストローカーに返球するようにしましょう。

また、2ボレー側の練習はお互いのコンビネーションを高める目的もあるので、できるだけペアで行うことをお勧めします。

森井先生の　ワンポイントアドバイス

ボレーの基本練習

ライブボールの打ち合いでボレーのテクニックを習得

ねらい

Menu 062 1ボレー対2ストローク①

難易度	★★★★★
時間	①② 各1人側 2〜5分

習得できる技能
▶ フットワーク
▶ ラケットワーク
▶ コントロール（コース）
▶ コントロール（スピード）
▶ コントロール（回転量および距離）
▶ ポジション

①1ボレー（サービスボックス）対 2ストローク（ダブルスコート）でラリーを行う

▼やり方　1人のボレー側はサービスボックスにポジションし、2人のストローク側が打ってくるボールを返球する

● **ポイント**

ボレー側はセンターのボールとワイドのボールを打ち分けることで、ストローク側を振り回すことも可能。頭を使いながら配球しよう

▲センターに打って

▲返ってきたボールをワイドに

ボレー対ストロークでラリーを行う。反対サイドも同じように行う

②1ボレー（シングルスコート）対
2ストローク（ダブルスコート）でラリーを行う

▼ やり方

1人のボレー側はセンターにポジションし、2人のストローク側が打ってくるボールを返球する

ボレー（シングルスコート）対ストローク（ダブルスコート）でラリーを行う

練習の 目的 → 効果

森井先生のワンポイントアドバイス

　これは前ページのMenu 61とは逆に、1ボレー対2ストロークの練習法です。ボレー側はサービスボックスにポジションし、ストローク側が打ってくるボールを、アレーを含めたダブルスコートに確実につなぐのが①の練習です。ドロップショットやアングルボレーもOKの設定にすると、ダブルス用の細かなテクニック練習に応用できます。
　また②は、1ボレー対2ストロークで、ボレー側がシングルスコート全面をカバーする強度が高い練習です。
　このときのボレー側の主目的はコートカバーですが、甘いボールがきたときは「攻め」に転じて、ストローカー側に取られないように、コースを突いたり、アングルボレー、ドロップボレーを落としたりと、さまざまなテクニックを駆使しましょう。

ボレーの基本練習

ライブボールの打ち合いから
ポーチに出る

ねらい

Menu 063 1ボレー対2ストローク②

難易度 ★★★★★
時間 1人側 2〜4分×人数

習得できる技能
▶ フットワーク
▶ ラケットワーク
▶ コントロール（コース）
▶ コントロール（スピード）
▶ コントロール（回転量および質）
▶ ポジション

①3球（5球）ストレートに打ったらクロスに展開

▼やり方　1ボレー（サービスボックス）対2ストローク（ダブルスコート）から
ボレーのコースを変えてポジションチェンジする

右サイドでボレー対ストローク。ストローカー側はストレートを3球打ったらクロスに展開。
ボレー側はクロスのボールをストレートに返球して、左サイドで同じようにボレー対ストロークを行う

練習の 目的 → 効果

森井先生の ワンポイントアドバイス

Menu 54では、ストレートボールを一本受けてからポーチに飛び出す練習を球出しで行いましたが、これはその変形でライブボールの流れの中で行います。

1人のボレー側は、正面のベースラインに構える後衛とボレー＆ストロークを3球、もしくは5球続け、後衛がクロスに展開してきたボールを反対側に構える後衛の方向にポーチ。そのままポジションチェンジしてストレートボレーのラリーを行い、同じようにクロスに展開してきたボールをポーチ。そのままボールが切れるまで続けます。

ドリルの内容としてはかなり高度なものなので、ある程度のレベルが必要ですが、「ポーチを打ったら終わり」という練習よりもはるかに実戦的で効果的な練習となります。

ボレーの基本練習

ベースラインからネットの攻撃を実戦形式で習得

Menu 064 1面を使ったポイント練習

難易度	★★★★★
時間	5～10分

習得できる技能
- ▶ フットワーク
- ▶ ラケットワーク
- ▶ コントロール（コース）
- ▶ コントロール（スピード）
- ▶ コントロール（回転量および距離）
- ▶ ポジション

①チャンスボールを見つけたら積極的にネットに出て攻める

▼やり方

1対2のラリーから1がチャンスをとらえてネットへ。ボールを受けた選手だけがコートに残ってフリーポイント

◀ この球出しからスタート

◀ 1対2のラリーから

◀ 相手が浅いボールを打ってきたら

◀ コートの中に入り込んで

🔶 ポイント

チャンスボールを混ぜる

1対2の1の選手がネットに出られるように、2人側はストロークの中に甘いボールを入れるようにしよう

練習の 目的 → 効果

森井先生の ワンポイントアドバイス

　ベースラインでの1対2は通常はストロークの練習で使うドリルですが、ネットに出る状況を設定すれば、ネットプレイの練習に応用できます。このメニューのポイントは、2人側がストロークの中に甘いボールを入れることです。1人側はそのボールがきたらアプローチ（強打でもスライスでもOK）を打ってネットに出る決まりです。

そこからはアプローチを受けた相手とフリーポイントとなります（アプローチを受けていない人はコーナーから出る）。
　1対2のドリルでは、このような決め事を設定することで、さまざまな状況をつくり出すことができます。実戦の中でうまくいかない状況があったら、それをドリルの中で再現し、繰り返し練習を行い克服していきましょう。

◀ アプローチ

◀ 相手の返球を

◀ ネットで決める

● ポイント

最終的には 1対1のフリー ポイントに移行

アプローチを受けなかった ◯ の生徒はコートから外れ、1対1の状況を演出する

COLUMN

コーチは目的とレベルのあった練習をアレンジしよう！

　本書では、テニスの基本的な練習法、ドリルを紹介していますが、理解しておいてほしいのは、==同じドリルでも、ボール出しの負荷を変えることでまったく違った練習になるということです。==また、同様に、練習生のレベル、人数、配置によって、さまざまな状況を設定することができます。

　たとえば、Aという生徒にある弱点があった場合、1対1の指導を行うことは理想ですが、部活の練習でそんなことはできません。また、A／Bというダブルスペアを強化しようと思っても、2人のためだけに時間を割くことも難しいと思います。==コーチの手腕の見せ所は、団体練習の中で、個々の能力を高められるようなメニューを考えること==です。本書で紹介したメニューがすべてではありません。本書のメニューを頭に入れながら、自分のチームに合った練習法にアレンジしていってください。試行錯誤を繰り返すことで、きっと最高の練習法が見つけられるはずです。

第5章

サーブとスマッシュの練習

この章では、オーバーヘッドでボールを打つ、
サーブとスマッシュの練習法を紹介していく。
オーバーヘッド系のショットは、
ストロークやボレーとはまったく違うテクニック。
基本から応用まで、各種ドリルを使ってしっかりマスターしていこう。

サーブとスマッシュの練習

サーブとスマッシュに共通する
オーバーヘッド系ショットの基本を学ぶ

ねらい

難易度	★★☆☆☆
回数	①②③ 各10回

習得できる技能
- フットワーク
- ▶ ラケットワーク
- コントロール（コース）
- コントロール（スピード）
- ▶ コントロール（回転量および距離）
- ポジション

Menu 065　上からボールを打つ練習

①手でボールを投げる

▼やり方

サービスラインに立って、バックフェンス目がけてボールを投げる

🔸 ポイント

放物線を描くように遠くへ投げる

②ラケットでボールを飛ばす

▼やり方

サービスラインに立って、バックフェンス目がけてラケットでボールを打つ

▶手で投げるのと同様にラケットでボールを投げるイメージで

③地面にボールを叩きつける

▼ やり方　サービスラインに立って、ラケットでボールを地面に叩きつけてネットを越す

▲ワンバウンドさせたボールがネットを越せば合格

❌ これではネットを越えない

スイング、グリップ、打点の取り方など、基礎的な部分ができていないとボールを強く地面に叩きつけることができない。たとえば、右の写真のようにグリップが厚いとリストがうまく使えない。生徒のオーバーヘッド系の資質を見るときに③はぜひ取り入れてほしい練習法だ。

練習の 目的→効果

森井先生の ワンポイントアドバイス

サーブの導入にはさまざまな方法がありますが、やってほしくないのは、いきなり「サービスボックスに入れてごらん」という導入法です。これでは入れることが最大の目的となって、しっかりとしたスイングができず、俗にいう「羽根つき」みたいな打ち方になってしまいます。

お勧めの導入法は、①のような「遠投」です。全身を使ってボールを遠くに投げられる生徒はサーブが良くなる可能性大です。次は②のようにラケットでボールを遠くに打たせてみましょう。ここでも簡単にバックフェンスまでボール飛ばせるようならサーブの上達スピードは早いと思います。

また、経験者でもサーブが苦手な生徒には③の練習法をやらせてみてください。地面に強くボールを叩きつけるためには、サーブで大切な要素（スイング、グリップ、打点の取り方）が必要不可欠。うまくできない生徒はどこかがおかしいということです。この練習で課題を見つけて、矯正していきましょう。

サーブとスマッシュの練習

打つ場所を明確にしてボールをコントロールする

難易度 ★★★★☆
時間 10~15分

習得できる技能
- フットワーク
- **ラケットワーク**
- **コントロール（コース）**
- **コントロール（スピード）**
- **コントロール（回転量および距離）**
- ポジション

Menu **066** サーブのコントロール①

①ファーストサーブをシミュレーションしたターゲットの設定

▼やり方　ラケットのフェイス部分でターゲットを設定してファーストサーブを打つ

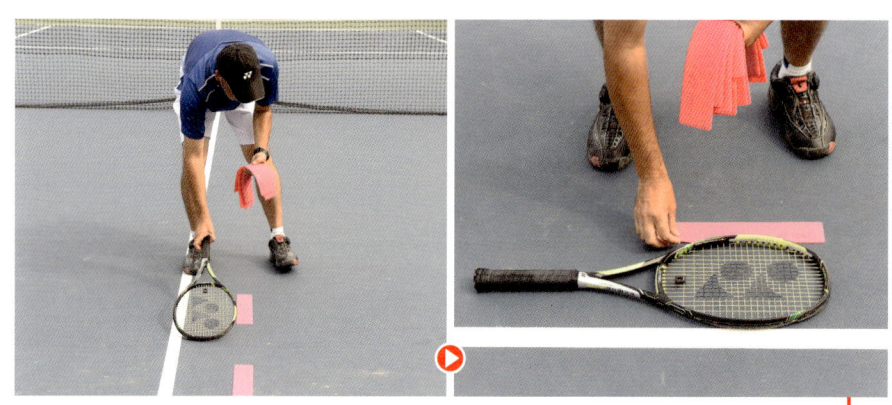

▲縦のラインはラケットのフェイス幅でマーカーを敷いていく

▲サービスラインも同じようにラケットのフェイス幅でマーカーを敷いていく

▲このようなセッティングにしてファーストサーブを打つ

▲ダブルスを想定した練習でもかならずターゲットを設定する

②セカンドサーブをシミュレーションしたターゲットの設定

▼やり方

ラケット一本分でターゲットを設定してセカンドサーブを打つ

● ポイント

ネット上に仮想ターゲットをつくろう!

ファーストでもセカンドでもネット上のどこを通過させるかを意識しながら打とう。ネット上に仮想ターゲットを設定することでサーブが安定してくる

セカンドサーブは深く入れることを意識しながら練習すること

練習の 目的 → 効果

森井先生のワンポイントアドバイス

サーブの練習を行うときに大切なのは、ターゲット(打つエリア)を設定することです。目標なしに漠然と打つより何倍も意識が高まり、練習効果が上がります。

一般的にサーブのターゲットというと、ねらう場所に「コーン」を置きがちですが、点をねらうより、エリアをねらったほうが実戦的。お勧めは、写真のように「マーカー」を敷いてターゲットをつくる方法です。また同時に意識したいのは、ポイント欄で紹介しているように、ネット上に仮想ターゲットを置くことです。ネット上のどこを通ったら、どこにボールが落下するのか、ということを意識して練習してください。

サーブとスマッシュの練習

2バウンド目を意識してサーブを打つ

ねらい

Menu **067** サーブのコントロール②

難易度	★★★★★
時間	10～15分

習得できる技能
- ▶ フットワーク
- ▶ ラケットワーク
- ▶ コントロール（コース）
- ▶ コントロール（スピード）
- ▶ コントロール(回転量および距離)
- ▶ ポジション

① 2バウンド目にターゲットを置いて練習する

▼やり方　練習したいサーブに合わせて、目標とする2バウンド目の落下点を設定。そこにコーンを置いてサーブを打つ

[デュースサイドでワイドに]
シングルス、ダブルスでスライスサーブを打って相手をコートの外に追い出すときのターゲット

[アドサイドでセンターに]
シングルスでスライスサーブをセンターに打ってエースをねらうときのターゲット

[アドサイドでワイドに]

ダブルスでスピンサーブを打って相手をコートの外に追い出すときのターゲット

ポイント

見るべきは2バウンド目

ターゲットを置いたサーブの練習では、ついついボールの落下点（1バウンド目）を見てしまうが、レシーバーがリターンする場所はベースライン付近で1バウンド目は関係ない。サーブを単体で練習するときは、ここで紹介しているように、2バウンド目にターゲットを置くように

練習の 目的 → 効果

森井先生のワンポイントアドバイス

　サーブで大切なのは「どこに入れるか」ではなく、「どこで相手に触らせるか」という視点です。たとえば、デュースサイドでコーナーにサーブを打ったとしても、ただ入れるだけでは相手にとってはフォアで叩くチャンスになってしまいます。意識すべきは、打ったボールが落ちる場所ではなく、バウンドしたボールが落ちる2バウンド目です。

　このメニューで紹介しているのは上級者向けのターゲット設定です。打ったサーブにキレがないと成功しません。練習では安易なターゲット設定とはせずに、写真くらい難易度を上げたところに目標を置くようにしましょう。また、このように2バウンド目を意識させると、得意なコース、不得意なコースをはっきり自覚できます。苦手なコースがわかったら練習量を増やして克服していきましょう。

サーブとスマッシュの練習

サーブで球種を打ち分けるコツを頭に入れる

Menu **068** サーブのメカニズム

難易度 ★★★★★
時間 3〜5分

習得できる技能
▶ フットワーク
▶ ラケットワーク
▶ コントロール（コース）
▶ コントロール（スピード）
▶ コントロール（回転量および距離）
▶ ポジション

①フラット、スライス、スピンのラケット面の違い

▼やり方　壁の前に立ち、フラット、スライス、スピンを打つときのインパクトの形をつくる

［フラットをイメージ］
インパクトではラケットのヘッドが壁に触る

［スライスをイメージ］
インパクトではラケットの右エッジが壁に触る

練習の 目的 → 効果

森井先生のワンポイントアドバイス

正しい手順で練習していないと、ある程度のレベルになってからも、球種の打ち分けに悩むことになります。自己流でやっていると、得意なサーブ、苦手なサーブがはっきりできてしまうのです。

第1章の壁を使った練習法のところでは紹介しませんでしたが、サーブのメカニズムを覚えるために「壁」は有効なツールとなります。サーブを導入する際には、生徒を集めて、写真のような説明を行いましょう。

ただし、こうした解説を行ったからといって、生徒がすぐに理解できるわけではありません。しかし、原理が頭に入っていれば、生徒はできないなりに工夫するはずです。この工夫する意識がサーブに限らずテクニックの習得にはとても大切です。できる、できないは別に、早い段階でショットのメカニズムを解説し、そこから練習をスタートしましょう。

[スピンをイメージ]

インパクト後もラケット面が壁に沿う

●ポイント

トス位置やフォームはできるだけ変えない

サーブの球種を打ち分けるときに、明らかにトス位置を変えたり、フォームを変えたりする人がいるが、それでは相手に簡単に読まれてしまう。理想とするのは、トス位置やフォームをできる限り変えずに、左で紹介しているようにボールに対する「ラケットの当て方」で打ち分けることだ。

サーブとスマッシュの練習

サーブからの攻撃パターンを実戦形式の中で習得する

ねらい

難易度	★★★★☆
時間	5～10分

習得できる技能
- ▶ フットワーク
- ▶ ラケットワーク
- ▶ コントロール（コース）
- ▶ コントロール（スピード）
- ▶ コントロール（回転量および距離）
- ▶ ポジション

Menu **069** サーブからのポイント練習

①クロスコートだけでサーブ＆ボレー対リターンからのフリーポイント

▼やり方　サーバーはかならずサーブ＆ボレーに出る設定で、クロスコートだけでボレー対ストロークのポイントを行う

[デュースサイド]

▲ダブルスを想定したデュースサイドのサーブから

▲セカンドボレーに備えてスプリットステップ

▲サービスダッシュしてスプリットステップ

▲あとはボレー対ストロークのフリーポイント

▲ファーストボレーをクロスに返して

▲ポイントが決まったらアドサイドからサーブ

[アドサイド]

◀ダブルスを想定したアドサイドのサーブから

◀サービスダッシュして

◀スプリットステップ

◀ファーストボレーをクロスに

練習の 目的 → 効果

このメニューは、ダブルスを想定したサーブからのポイント練習です。ちょっと工夫すれば2人でもダブルス用の練習にアレンジすることができます。
サーバーは、サーブ＆ダッシュして、ファーストボレー〜セカンドボレーの練習となり、レシーバーは、足元に沈めるダブルス用のリターン〜突き球・決め球の練習になります。

森井先生の ワンポイントアドバイス

また、この練習では、レベルや目的によってさまざまな条件を設定することができます。たとえば「ミスなくつなぐ」というロングラリーの設定にしたり、「早く決める」というショートラリーの設定にしたりすることで、選択するショットはまったく違うものになり、練習の目的や強度をアレンジすることができます。

サーブとスマッシュの練習

サーブからの攻撃パターンを実戦形式の中で習得する

ねらい

Menu **070** サーブからのダブルスパターン練習

難易度 ★★★★☆
時間 ①②③④ サービス側
3〜5分×人数

習得できる技能
▶ フットワーク
▶ ラケットワーク
▶ コントロール（コース）
▶ コントロール（スピード）
▶ コントロール（回転量および距離）
▶ ポジション

①サーブからスタート。リターンはクロスに打つ設定。それをポーチする

▼やり方　サーバーはセカンドサーブからネットダッシュ。
レシーバーは設定通りのボールを打って、その後はフリー

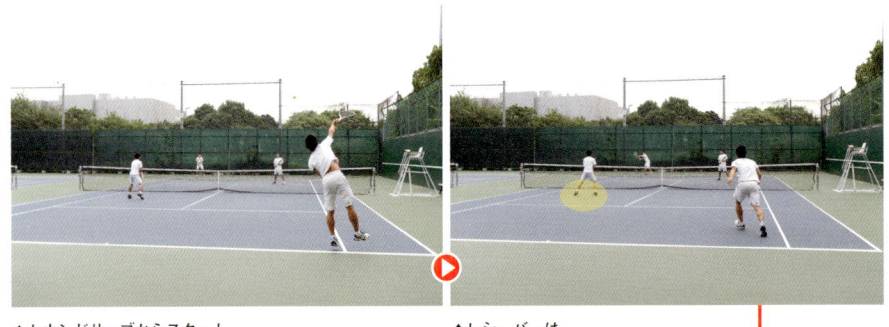

▲セカンドサーブからスタート　　▲レシーバーは

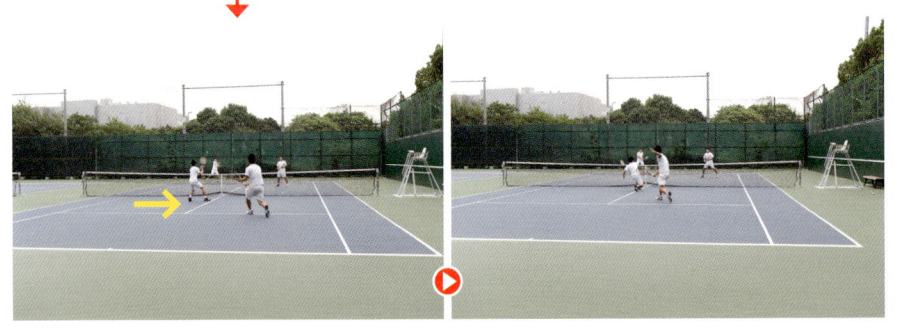

▲クロスにリターン　　▲前衛がポーチに出る

🎾 ポイント　さまざまな状況を設定

ペアとしてのコンビネーションを高めたり、弱点を克服したりと、
目的に合った状況を設定して行う

②リターンをアングルに打つパターン

③リターンをストレートアタックするパターン

④リターンで縦ロブ（前衛の頭上にロブ）を上げるパターン

練習の 目的 → 効果

森井先生のワンポイントアドバイス

　このメニューは、サーブからスタートするダブルスのパターン練習です。リターンをどう打つか条件を設定することで、実戦に即したパターン練習となります。

　写真で紹介している①は、クロスリターンに前衛がポーチに出るパターン。サーバー側は、ポーチに出た後のコンビネーション、レシーバー側は、ポーチに出られたときの守りをシミュレーションすることができます。

　同じセカンドサーブから、②のアングルにリターンするパターン、③のストレートアタックするパターン、④の縦ロブを上げるパターンと、さまざまな状況を設定することで、ペアとしての弱点克服やコンビネーション強化に役立てることができる練習法となります。

サーブとスマッシュの練習

リターンからの攻撃パターンを
ダブルスの実戦形式の中で習得する

ねらい

難易度 ★★★★★

時間 サービス側 3～5分×人数

習得できる技能
▶ フットワーク
▶ ラケットワーク
▶ コントロール（コース）
▶ コントロール（スピード）
▶ コントロール（回転量および距離）
▶ ポジション

Menu 071 リターンからのダブルスパターン練習

① サーブからスタート。サーバーがファーストボレーをしたら、リターン側前衛がポーチに出る

▼やり方
サーバーはセカンドサーブからネットダッシュ。
サーバーのファーストボレーにリターン側の前衛がボレーカットに出て、その後はフリー

▲セカンドサーブからスタート　　　▲リターンを打って

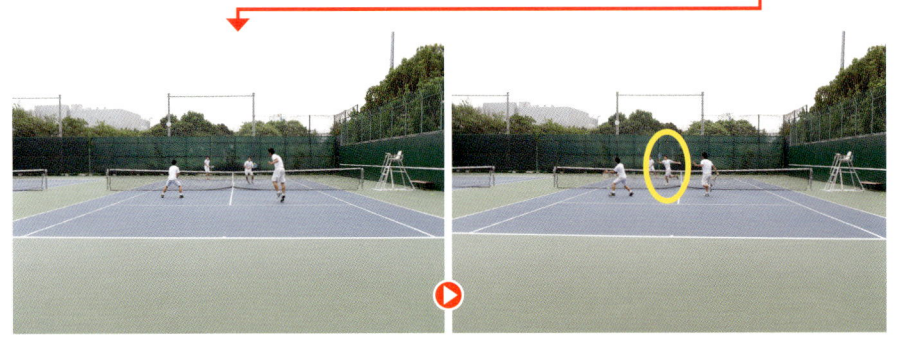

▲サーバーのファーストボレーに　　▲リターン側の前衛がポーチに出る

ファーストボレーを

ポーチ

▲アドサイドも同様に行う

練習の 目的 → 効果

このメニューは、リターン側が攻撃するパターン練習です。ダブルスで平行陣対雁行陣になったら平行陣側が有利です。雁行陣側は、相手のサーバーがネットに出て、ファーストボレーした直後にチャンスがあります。そのタイミングを切り取って行うのがこのパターン練習です。

最大のポイントとなるのは、レシーバーのリターンです。最高の攻撃は、サーバーの足元に沈めて、浮いてきたファーストボレーを前衛がカットするパターンです。それをこの練習でシミュレーションしましょう。

ファーストボレーをかならずクロスに返すという約束の元に行えば、レシーバー側前衛のポーチ練習になるし、ファーストボレーをストレートに切れ返してもOKという設定にすれば、さらに実戦的な練習となります。

森井先生のワンポイントアドバイス

サーブとスマッシュの練習

手投げのボールでスマッシュのポイントを押さえる

ねらい

難易度 ★★☆☆☆
回数 ①② 各5球×4セット

習得できる技能
▶ フットワーク
▶ ラケットワーク
▶ コントロール（コース）
▶ コントロール（スピード）
▶ コントロール（回転量および種類）
▶ ポジション

Menu **072** スマッシュの基本練習

①準備の形を意識しながら踏み込んで打つ

▼やり方　球出しは写真のポジションから手投げで。生徒はやさしいボールを連続して打つ

◀最初はこのポジションで

◀生徒が打ちやすいボールを出して

◀打ったらすぐに次のボールを出す

②軸足を意識しながら足を入れかえて打つ

▼やり方 球出しは写真のポジションから手投げで。
少し大きめのボールを生徒は足を入れかえながら打つ

◀少し大きめのボールを出して

◀軸足で踏み切っているかチェック

◀打ち終わったらもとのポジションに戻して次のボールを出す

練習の 目的 → 効果

森井先生のワンポイントアドバイス

　スマッシュを打つときに大切な要素として、「横向きの姿勢をつくる」、「ボールの下に入る」などのポイントがありますが、それよりも大切なことは、上から落ちてくるボールに慣れることです。最初は①のようなやさしい球出しでどんどん打たせて、スマッシュを打つときの感覚を体に染み込ませましょう。

　通常は、浅いロブに対し、足を踏み込んで打つことから練習していきますが、それが簡単にできるようなら、早い段階から②のように、軸足で踏み切って、足を入れかえながら打たせてみましょう。実戦では足を踏み込んで打つ場面のスマッシュはそんなに多くありません。==本当にマスターしたいのは②のスマッシュ。将来的にジャンピングスマッシュのテクニックにつながります。==

サーブとスマッシュの練習

ダブルス前衛の動きを想定しながらのスマッシュを習得する

ねらい

Menu **073** 前衛スマッシュの突き上げ練習

難易度	★★★★☆
回数	5球×4セット

習得できる技能
- ▶ フットワーク
- ▶ ラケットワーク
- ▶ コントロール（コース）
- ▶ コントロール（スピード）
- ▶ コントロール（回転量および距離）
- ▶ ポジション

①ネットタッチしてからスマッシュを打つ

▼やり方　球出しは写真のポジションから。生徒がネットをタッチしたらロブを出し、打ち終わった生徒が再びネットをタッチしたら次のロブを出す

[コーチは生徒のレベルを見極めながらロブの深さを調整する]

◀ネットにタッチしたら

◀ロブを上げる

練習の 目的 → 効果

森井先生のワンポイントアドバイス

このメニューは「突き上げ」といわれるもので、スマッシュ練習ではもっともポピュラーなものです。突き上げ練習は、技術向上ドリルというよりも、前後のフットワークや体力強化を目的としたもので、チームによっては100球連続というようなハードな練習を課しているところもあります。

しかし、球出しや打つコースを工夫することで、スマッシュのテクニックを高める練習にもなります。たとえば、逆クロスへ打つスマッシュが苦手な生徒の場合は、コートの右サイドから球出しをすることで逆サイドに特化した練習となります。

また、レベルが高い生徒同士なら、1対1、もしくは1対2（スマッシュ1、ロブ2）で、スマッシュ対ロブのラリーを延々と続けることも可能です。

◀スマッシュを打ったら

◀またネットにタッチ

● ポイント 反対サイドから逆クロスにも打たせる

このメニューでは、左サイドから上げたロブを順クロスに打たせているが、右サイドから上げたロブを逆クロスにも打たせるように。また、生徒のレベルが高ければ、センターからロブを上げて、順クロスと逆クロスを交互に打たせる練習もあり

157

サーブとスマッシュの練習

ダブルスの前衛を想定して横に移動しながらのスマッシュを習得する

ねらい

Menu **074** スマッシュの応用練習①

難易度	★★★★★
回数	①② 各3球×5セット

習得できる技能
- ▶ フットワーク
- ▶ ラケットワーク
- ▶ コントロール（コース）
- ▶ コントロール（スピード）
- ▶ コントロール（回転量および距離）
- ▶ ポジション

①右側のサイドラインからスタートして、センター→左側のサイドラインと移動しながら逆クロスに打つ

▼やり方　球出しのポジションは写真の位置。
3球連続でロブを出して、生徒はすべて逆クロスにスマッシュを打つ

▲球出しはここから　　▲1球目を逆クロスに

▲2球目を逆クロスに　　▲3球目をストレートに

②右側のサイドラインからスタートして、センター →左側のサイドラインと移動しながら順クロスに打つ

▼やり方　球出しのポジションは写真の位置。
　　　　　3球連続でロブを出して、生徒はすべて順クロスにスマッシュを打つ

▲球出しはここから　　　　　　　　▲1球目をストレートに

▲2球目を順クロスに　　　　　　　▲3球目を順クロスに

練習の 目的→効果

　これは3球連続の球出しで、(ロブ)横に移動しながら連続スマッシュするメニューです。①のように右サイドから球出ししたときは逆クロスに。②のように左サイドから球出ししたときは順クロスを中心に打たせます。
　また、アレンジとしては、①で生徒を左サイドに立たせて右に移動しながらの3球連続スマッシュ。②で生徒を左側に立たせて右に移動しながらの3球連続スマッシュが考えられます。
　実戦になると、前衛が定位置でスマッシュすることは稀です。レベルが上がれば上がるほど、ポジションを移動しながらボールを叩くテクニックが必要となります。それをこの練習でマスターしていきましょう。

森井先生のワンポイントアドバイス

サーブとスマッシュの練習

ダブルスの前衛の左右の動きを想定しながらスマッシュを習得する

難易度	★★★★★
回数	3球×5セット

習得できる技能
- ▶ フットワーク
- ▶ ラケットワーク
- ▶ コントロール(コース)
- ▶ コントロール(スピード)
- ▶ コントロール(回転量および回転)
- ▶ ポジション

Menu **075** スマッシュの応用練習②

①センターからスタートして、左右に移動して打つ

▼やり方　球出しのポジションは写真の位置。1球目はセンターでスマッシュ。
2球目は左サイドでスマッシュ。センターに戻って、3球目は右サイドでスマッシュ

🟠 ポイント

レベルに合わせた球出し

この練習のポイントはコーチの球出し。生徒のレベルに合わせて適度な配球をすること

◀センターで1球目

◀左サイドで2球目

◀右サイドで3球目

[左サイドからの球出しでも同じように行う]

◀センターで1球目

◀左サイドで2球目

◀右サイドで3球目

練習の 目的→効果

森井先生のワンポイントアドバイス

前ページのMenu74をアレンジしたのがこのメニューです。3球連続でスマッシュするのは同じですが、スタートする位置をセンターにするだけで、まったく違った練習になります。

ここでは1球目をセンターでスマッシュしたら、2球目を左サイド、センターに戻って、右サイドで3球目を打たせていますが、もちろん、2球目と3球目は逆にしてもOK。2球目は右横へ動くときのフットワーク、3球目は左奥へ動くときのフットワークを鍛えることができます。

ポイントとなるのは、ボールを出すコーチの配分です。レベルが高い生徒だったら、多少厳しいロブを上げたり、テンポの速い球出しをしたほうが効果的ですが、レベルが低い生徒に同じような球を出したら練習になりません。レベルが低い生徒の場合は、一球一球ていねいに球出しをする必要があります。

サーブとスマッシュの練習

スマッシュを打つときの前後のフットワークを習得する

ねらい

難易度	★★★★★
回数	4球×5セット

習得できる技能
- ▶ フットワーク
- ▶ ラケットワーク
- ▶ コントロール（コース）
- ▶ コントロール（スピード）
- ▶ コントロール（回転量および回転）
- ▶ ポジション

Menu **076** スマッシュの応用練習③

①V字スマッシュ

▼やり方　球出しはセンターから。生徒はネット前に立ち、右奥、左奥のロブを連続して打つ。
一本打ったらかならずラケットでセンターベルトを触ってV字の動きをつくる

◀球出しはここから

◀左奥に上げたロブをスマッシュ

◀センターに戻ってネットを触る

162

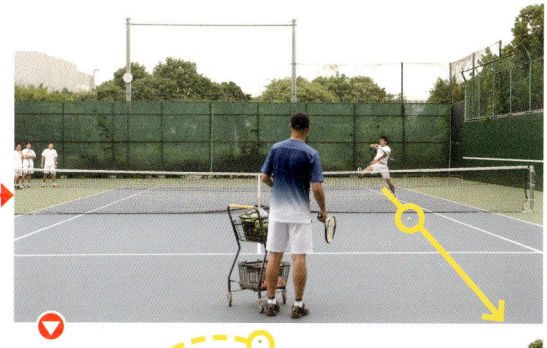

◀右奥に上げたロブをスマッシュ

◀センターに戻ってネットを触ったら

◀左奥のロブをスマッシュ

練習の 目的 → 効果

森井先生の ワンポイントアドバイス

　このメニューもスマッシュの「突き上げ」ですが、Menu 75よりもはるかに強度が高く、上級者向きの練習といえます。

　これはネットに詰めたタイミングで、ロブを上げられ、それをジャンピングスマッシュで仕留めることを念頭においた前衛用のドリルです。後ろに跳んで、ボールを打って、すぐにネットに詰める、という動きの連続なので、かなりハードな練習となります。

　スマッシュ練習と聞くと、「何が何でも強打しなくては……」と思いがちですが、実戦では打ち抜けないケースも多くあります。Menu 74からこの76の練習では、厳しいロブに対して、つなぐスマッシュやハイボレーを使ってもOK。設定を随時アレンジしながら行いましょう。

サーブとスマッシュの練習

グラウンドスマッシュを打つときの
フットワーク&スイングを習得する

Menu 077 スマッシュの応用練習④

難易度 ★★★★★
回数 3球×5セット

習得できる技能
▶ フットワーク
▶ ラケットワーク
▶ コントロール（コース）
▶ コントロール（スピード）
▶ コントロール（回転量および種類）
▶ ポジション

①グラウンドスマッシュ

▼やり方　球出しは写真の位置から。生徒がネットをタッチしたタイミングで高いロブを上げて、生徒は下がってグラウンドスマッシュを打つ

▲ネットにラケットタッチしたタイミングで高いロブの球出し

▲ボールを見ながら素早く下がる

▲右と左に打ち分ける

ポイント

グラウンドスマッシュを打つときは、素早く下がることが大切。深いロブが上がったときは、クロスステップを使おう

▶足を交差させながら下がるのがクロスステップ

◀ボールの落下点よりもずっと後ろまで下がるのが最大のポイント

ポイント 打ち分ける

相手がどこにいるかをイメージしながら左右に打ち分けられるようにしよう！

練習の 目的 → 効果

深いロブをワンバウンドさせて打つグラウンドスマッシュは、スマッシュというよりも、サーブのテクニックを活かすショットです。

スマッシュのつもりで打つとネットミスが出やすいショットなので、下がるときのフットワークも含め、普段から練習しておくべきです。

グラウンドスマッシュで大切なのは、

森井先生の ワンポイントアドバイス

威力よりもコースの打ち分けです。ポイントとなるのは、相手がどこにポジションしているのか、ボールを追いながら見ることです。「一本で決めよう」と思うより、「一本つなごう」と思ったほうが、ミスが出ません。最低でも、ボールを落としたときには「右」か「左」に打ち分けられるようにしましょう。

サーブとスマッシュの練習

ダブルスの平行陣対2バックを想定して実戦形式の練習を行う

ねらい

難易度 ★★★★★
時間 5分×攻撃1セット+守備

習得できる技能
▶ フットワーク
▶ ラケットワーク
▶ コントロール（コース）
▶ コントロール（スピード）
▶ コントロール（回転量および距離）
▶ ポジション

Menu **078** スマッシュを入れたポイント練習

①スマッシュ対ロブの耐久ポイント

▼やり方　平行陣（スマッシュ限定）対2バック（ロブ限定）でラリーを行う

◀ロブの球出しからスタート

◀相手のスマッシュはかならずロブで返球

◀スマッシュ対ロブの耐久戦に

◀手前の2人はすべてロブ。ネットについた2人はすべてスマッシュ。4人の場合は10ポイントを取ったら攻守を交代といったような約束事で行おう

Level UP!
攻守の入れかえ！

ずっとスマッシュ対ロブを続けるだけでなく、スマッシュ側がロブをバウンドさせた場合は、2バック側がネットを取って攻守を入れかえるというような工夫をすると、よりレベルアップにつながる。

Extra

練習人数が多いときは

スマッシュ対ロブの練習は普段から取り入れてもらいたいメニュー。練習人数が多いときは、図のようなローテーションで、すべてのポジションをカバーしよう

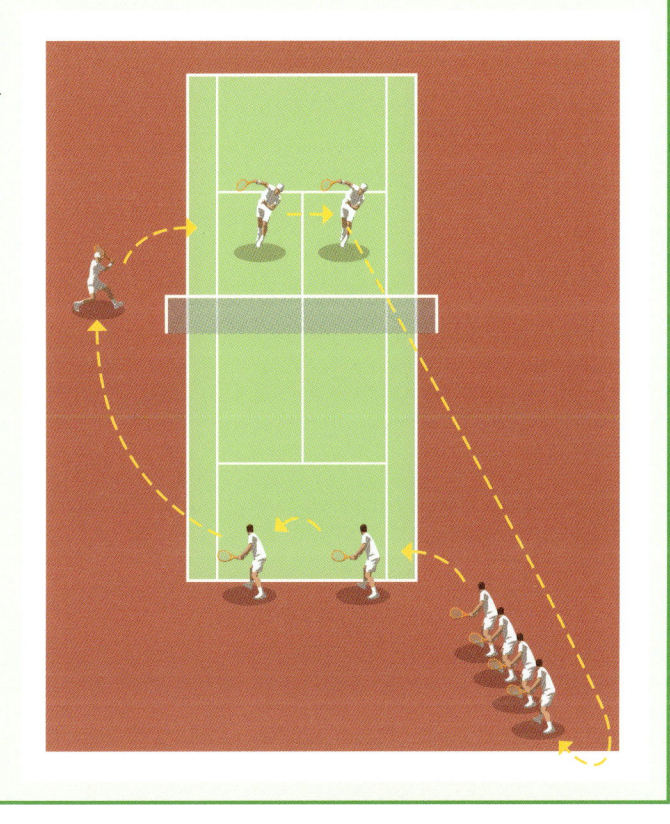

練習の 目的 ➡ 効果

最近のダブルスは、雁行陣対雁行陣という戦いが減って、このメニューのように平行陣対2バックの戦いが多くなっています。理由は、ストローク力が上がって2バックでも攻撃ができるからです。しかし、実戦になれば、2バック側がロブを上げ続けて、相手のミスを誘発させる場面も多く見受けます。2バックの陣形を取ったときは、深いロブを上げ続ける耐久力も大切です。このメニューは、それを念頭においたものです。

この練習を行うときには、単調なロブ対スマッシュにすると意欲がわかないので、ポイント制にすることがお勧めです。また、平行陣側が深いロブをバウンドさせた場合は、2バック側がネットを取って、攻守を逆転させるなどの工夫も考えられます。

森井先生のワンポイントアドバイス

サーブとスマッシュの練習

テニスの動きをシミュレーションしながらフットワークを鍛える

ねらい

Menu 079 フットワークドリル（スパイダーラン）

難易度	★★★☆☆
回数	8個×2セット

習得できる技能
▶ フットワーク
▶ ラケットワーク
▶ コントロール（コース）
▶ コントロール（スピード）
▶ コントロール（回転量および距離）
▶ ポジション

①フットワーク強化を目的にした8個バージョン

▼やり方　写真のようにコート半面に8個のボールを配置。
生徒はTマークからスタートして8個のボールをピックアップしてTマークに集める

▲Tマークからスタート

▲右前のAのボールへダッシュ

▲ピックアップしたら

▲Tマークに戻る

▲ボールを置いたら次のボールをピックアップ

🏀 ポイント

タイムを記録しよう

スパイダーランに限らずフットワークトレーニングするときは、つねに同じ設定にしてタイムを記録しよう。パフォーマンスが伸びているのかどうかを確認するのがフィニッシュまでの時間だ

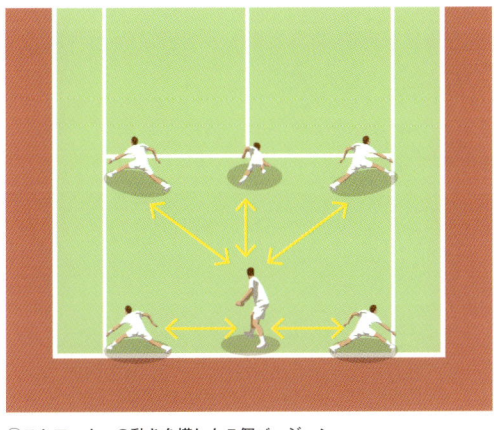

②ストローカーの動きを模した5個バージョン

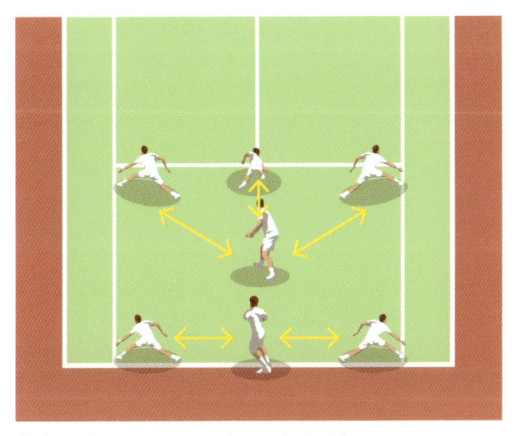

③デッドゾーンからスタートする　6個バージョン

Arrange

スタート位置やボールの数を変える

ボールの数やスタート位置、動き方を変えて、サイドステップやバックステップなど目的に沿ったステップを入れるアレンジをしよう。

練習の 目的 → 効果

最後に紹介するのはテニス用のフットワークドリル。「スパイダーラン」です。コートに置いたボールをピックアップするだけの単純なドリルですが、この動きの中にテニスに必要な要素がいっぱい詰まっているので、普段の練習に取り入れてください。

①は、日体大テニス部で通常行っているコート半面にボールを8個配置したパターン。走る距離が長く、強度が高いドリルです。テニス部では、この

森井先生のワンポイントアドバイス

パターンを行うときはタイム短縮を目的としているので、すべてのボールをダッシュしてピックアップしますが、②のようにストローカーの動きを模した5個バージョンや、③のようにデッドゾーンからスタートする6個バージョンを行うときは、サイドステップやクロスステップ、バックステップなど、目的に沿ったステップを入れてアレンジしてください。

169

サーブとスマッシュの練習

指示に反応して前後左右への俊敏性を高める

ねらい

Menu **080** フットワークドリル（指示ラン）

難易度 ★★★★☆
回数 ①②③ 各1分〜2セット

習得できる技能
- ▶ フットワーク
- ▶ ラケットワーク
- ▶ コントロール（コース）
- ▶ コントロール（スピード）
- ▶ コントロール（回転量および変種）
- ▶ ポジション

①指示を受けながら左右にサイドステップで動く

▼やり方　写真のようにコート半面に指示者と生徒が入り、指示者の手の動きに反応して生徒は左右に動く

▲右に動くことを指示

▲生徒はサイドステップでサイドラインにタッチ

▲センターに戻って今度は左にサイドステップ

②指示を受けながら左右にランニングステップで動く

▲右に動くことを指示

▲生徒はランニングステップでサイドラインにタッチ

▲センターに戻って今度は左にランニングステップ

③指示を受けながら前後にランニングステップで動く

◀後ろに動くことを指示

◀センターマークにタッチして
Tマークまで戻ったら

◀右斜め前を指示

◀写真の位置にタッチしてTマークに戻る

練習の 目的 → 効果

森井先生の ワンポイントアドバイス

　もうひとつ日体大テニス部で行っているフットワークドリル「指示ラン」を紹介します。これは生徒がもう1人の指示に従って前後左右に動くドリルです。
　指示ランもさまざまなバージョンがありますが、基本は左右の動きを入れた①、②と、前後の動きを入れた③のパターンです。前ページで紹介したスパイダーランとの大きな違いは、どこに動くかを最初から決められていない点です。指示に素早く反応するのが最大のポイント。テニスでとくに大切な一歩目の動きと俊敏性を鍛えることができます。ドリルを有益なものとするために、指示者は、実戦で起こりそうな状況を想定しながら的確な指示を出しましょう。

CONCLUSION

おわりに

　錦織圭選手の活躍により、テニス人気が高まっており、子どもたちがスポーツを行う際に、テニスを選択することが以前にもまして増えてきています。本書では、そんな子どもたちはもちろんテニス初心者から部活動などまで、指導する際にヒントにしてもらいたいドリルを掲載しています。ぜひ、参考にしてもらえれば嬉しいです。

　文中にも書いてある通り、テニスにおけるドリル（ボール出しドリルは特に）はアレンジを加えることにより、初心者向けにもなり、上級者向けにもなり得ます。少し変化させるだけで、バージョンはかなり多くなってきます。

　本書のドリルをそのまま使用してもらうことはもちろん、各々で少しずつ一手間を加えてオリジナルのドリルをつくってみることもお勧めします。人数、レベル、使用できるボールの数、使用できるコート面数などなど、バージョンを変える要因が多々あります。それらの要因を踏まえながら、本書を参考にオリジナルのドリルを考えるのも面白いと思います。ぜひ、オリジナルドリルづくりにチャレンジしてみてください。

　テニスはただ打ち合うことだけでも楽しみを見いだせるスポーツですが、私としてはやはりゲームを行ってもら

いたいと思います。勝てればもちろん言うことありませんが、勝敗だけでなく、ゲームでの緊張感やうまくポイントを取れたときの嬉しさ、良いショットを打って決まったときの爽快感、戦略が決まって思い通りにラリーが展開できたときのちょっとした優越感など、テニスの醍醐味を感じられるのがゲームの素晴らしいところです。テニスの奥深さも味わえると思います。

　また、マナーはテニスというスポーツを語る上で欠くことのできないものですが、そのマナーを学べるのもゲームの良いところです。そういったゲームをより楽しむためには、使えるテクニックを多く習得することが不可欠です。その点でも本書をぜひ利用してもらいたいと思います。

　観ることはもちろん、生涯スポーツとして有効でもあるテニスを、皆さんにはぜひ楽しんでもらいたいと思います。そのために本書が少しでもお役に立てればこれ以上ない喜びです。私としても愛するテニスの発展に少しでも寄与できれば、嬉しく思います。皆さん、これからもテニスをよろしくお願いします！

日本体育大学　学友会テニス部監督

森井大治

著者プロフィール

森井大治

もりい・だいじ／日本体育大学学友会テニス部部長兼監督。1967年8月4日生まれ。ジュニア時代は同期の松岡修造とライバルで、共に海外遠征も経験。八千代高校時代に全日本ジュニア選手権、国民体育大会少年男子などで優勝。早稲田大学では、全日本大学対抗テニス王座決定試合で4年連続優勝。全日本学生選手権では単（89年）・複（87年）優勝。87年、ユニバーシアードザグレブ大会日本代表などの実績を残す。90年からプロテニスプレイヤーとなる。91年、バングラデシュ・パキスタンサテライトサーキット第3週・複・優勝。92年、全日本ローンテニス選手権大会・複・優勝、フィンランドサテライトサーキット第2週・単・ベスト4、第3週・単・準優勝。93年、ウィンブルドン・単・予選一回戦負け、USTAサテライトサーキット4第1週・複・準優勝など、国内外で活躍。日本ランキングの最高位は単7位、複9位。97年に現役を引退後はユニバーシアード日本代表のコーチ、監督を歴任。その際、(財)日本テニス協会強化委員も務めた。2004年（～2012年）に、早稲田大学庭球部ヘッドコーチに就任し、全日本大学対抗テニス王座決定試合において、男子が05年から7連覇、女子が06年から6連覇を達成。12年4月に日本体育大学体育学部体育学科専任教員（准教授）として採用され、現在に至る。

実演モデル
中柴望貴(左)、梅本榛奈　　　　　赤崎愛理(左)、綿貫光

実演モデル
長岡大地、三戸口隆盛、佐藤諒文、下村亮太、鈴木佑
(左から)

撮影協力
日本体育大学 学友会テニス部

　日本体育大学テニス部は、日本体育大学学友会(体育会)に所属する運動部の一つで、昭和34年(1959年)創部の伝統ある部。日本体育大学横浜健志台キャンパスにあるテニスコートにおいて活動中で、平成27年8月現在、部員は男子が36名、女子が21名、計57名が在籍している。現在、男女とも関東大学リーグの第三部に所属。過去には女子が全日本大学対抗王座決定試合にも出場したこともある。個人戦では全日本学生テニス選手権大会予選に出場する選手もいる。

　森井監督が指導を始めて4年目。「自分で考え、行動できる人間になる」ことを第一に考えて活動している。部の目標は二部昇格、将来的に一部昇格、王座出場、王座優勝を目指している。また、世界で活躍できる選手を輩出できることも目標の一つ。テニスだけでなく卒業後の進路として教員志望が多いので、それに向けても勉強ができる環境も整えており、文武両道も目標に掲げている。

デザイン／有限会社ライトハウス
黄川田洋志、井上菜奈美、田中ひさえ、
今泉明香、藤本麻衣、新開宙
写　　真／井出秀人
編　　集／井山編集堂、佐久間一彦（ライトハウス）

差がつく練習法
テニス　緩急自在マルチ練習ドリル

2015年9月30日　第1版第1刷発行

著　者／森井大治

発　行　人／池田哲雄
発　行　所／株式会社ベースボール・マガジン社
　　　　　　〒101-8381
　　　　　　東京都千代田区三崎町3-10-10
　　　　　　電話　　　03-3238-0181（販売部）
　　　　　　　　　　　025-780-1238（出版部）
　　　　　　振替口座　00180-6-46620
　　　　　　http://www.sportsclick.jp/
印刷・製本／広研印刷株式会社

©Daiji Morii 2015
Printed in Japan
ISBN978-4-583-10834-6 C2075

＊定価はカバーに表示してあります。
＊本書の文章、写真、図版の無断転載を禁じます。
＊本書を無断で複製する行為（コピー、スキャン、デジタルデータ化など）は、私的使用のための複製
　など著作権法上の限られた例外を除き、禁じられています。業務上使用する目的で上記行為を行うこ
　とは、使用範囲が内部に限られる場合であっても私的使用には該当せず、違法です。また、私的使用
　に該当する場合であっても、代行業者等の第三者に依頼して上記行為を行うことは違法となります。
＊落丁・乱丁が万一ございましたら、お取り替えいたします。